M-1491

FEB 16 1989

2

MOURIR

D0733365

ACTION
FAMILY   FAMILLE
204-126 YORK
OTTAWA ,ONTARIO
K1N 5T5

L'HORIZON DU CROYANT

Sous le patronage
de l'Institut Catholique de Lille
et de l'Université Saint-Paul d'Ottawa

et la direction
de Gérard-Henry Baudry (Lille)
et de Normand Provencher (Ottawa)

Mourir

Approches bioéthiques

par Hubert Doucet

Desclée/Novalis

© Desclée, Paris 1988
ISBN 2-7189-0392-9
D 1988 / 0002 / 35
ISNN 0991-4153
Imprimé en Belgique

Distribution en Amérique
Novalis, 375 rue Rideau,
Ottawa, Canada KIN5Y7

© 1988, Novalis, Université Saint Paul,
Ottawa, Canada
ISBN 2-89088-371-X
Dépôt légal : 4e trimestre 1988
Bibliothèque Nationale du Canada
Bibliothèque Nationale du Québec

174 : 24
D4m
1988

« *Seigneur, donne à chacun sa propre mort :*
la mort issue de cette vie
où il connut l'amour, un sens et la détresse ».

Rainer Maria Rilke

Sommaire

Introduction

Ce volume est consacré aux problèmes éthiques que soulève la mort dans les sociétés techniciennes et pluralistes. Des questions multiples se posent à ce propos. Faut-il hâter la mort ou la repousser aussi tardivement que possible ? Les politiques de non réanimation que les centres hospitaliers établissent de plus en plus ouvertement respectent-elles le caractère sacré de la vie ? Ces politiques ne conduisent-elles pas à abandonner le malade ? Cesser de nourrir certaines catégories de patients serait-il manquer au devoir de charité le plus fondamental, celui de nourrir son prochain ? Choisir la qualité de la vie implique-t-il de ne pas traiter les nouveau-nés qui naissent avec de graves malformations congénitales ? Sur quels critères s'appuyer pour prendre des décisions d'arrêt de traitement dans les cas de malades en phase terminale ? Qui doit prendre ces décisions ? Le cas de la personne compétente est-il identique à la situation de la personne mineure ou incompétente ?

Ces interrogations sont, en grande partie, inédites. Elles surgissent, d'une part, des développements scientifiques et technologiques qui ont transformé la nature et la structure 'des soins de santé et, d'autre part, de la reconnaissance de l'individu comme fondement ultime des décisions qui le concernent. Les défis auxquels nous sommes confrontés sont nouveaux : comment y répondre humainement ? Tenter de répondre à cette question servira de trame au présent essai.

Depuis plus de quinze ans maintenant les études et les rencontres sur ces problèmes de grande actualité se multiplient. L'affirmation faite en 1967 par Philippe Ariès que la mort était, en vérité, un sujet tabou et qu'elle remplaçait le sexe comme principal interdit [1] n'est plus possible vingt ans plus tard. Les fruits de ces réflexions seront largement mis à profit. Une réflexion de sagesse exige, en effet, une information correcte puisée aux meilleures sources et une connaissance des principales positions qui s'expriment dans les discussions actuelles. De plus une intelligence juste des problèmes actuels requiert que les perceptions multiples, souvent opposées, des différentes professions de la santé soient mises à profit. Seule une telle démarche permet de proposer des orientations d'action qui tiennent compte du contexte dans lequel les problèmes sont soulevés et promeuvent les meilleurs intérêts des personnes confrontées à la question de la mort. Cette démarche qui est celle de la bioéthique imprègnera toutes ces pages. C'est pourquoi, elle doit être ici présentée.

Nature et méthode

La bioéthique ne s'identifie pas à la morale médicale ; elle en est plutôt une complémentaire alternative. Sa préoccupation peut se formuler ainsi : comment répondre

---

[1] Philippe Aries, *La mort inversée,* « Essais sur l'histoire de la mort en Occident », Paris, Seuil, 1975, p. 71.

avec sagesse aux défis nouveaux nés de l'extraordinaire entreprise de transformation humaine qu'est la bio-médecine ? Le médecin avec son code d'éthique ne peut y répondre seul ; une approche systémique incluant les infirmières, les autres professionnels de la santé, les patients et même le public, peut seule éclairer la complexité de la réalité. L'interdisciplinarité devient un des caractères fondamentaux de cette démarche. Le respect de la complexité d'une problématique qui demeure en totalité inaccessible à quelque savoir particulier exige un dialogue continu de sorte que le moraliste n'est plus l'unique maître du jeu.

Participer à l'entreprise bioéthique, c'est écouter les multiples échos que le réel renvoie. Les participants à l'entreprise sont alors en mesure de formuler une question globale qui intègre toutes les dimensions d'une situation. Dans ce sens, la bioéthique n'est pas tant une éthique de la biologie ou de la vie qu'un dialogue d'égal à égal entre des disciplines différentes « pour réaliser un service responsable de la vie et de la vie humaine » [2].

En bioéthique, la réponse globale est tournée vers l'action : établir les conditions d'une prise de décision responsable et respectant l'ensemble des données d'une situation. Cette démarche correspond à ce qu'Aristote nomme sagesse par opposition à science. « La sagesse, dira-t-il, a pour objet les biens humains, c'est-à-dire qui fournissent matière à délibération. Le bon délibérateur, c'est celui qui vise à atteindre le meilleur des objets d'action qui s'offre à l'homme et calcule si bien qu'il frappe droit au but [3] ». Il

---

[2] David J. Roy, *Promesses et dangers d'un pouvoir nouveau*, « La bioéthique », coll. « Cahiers de bioéthique », n1, Québec, Les Presses de l'Université Laval, 1979, p. 95.

[3] Aristote, *L'éthique à Nicomaque,* Livre VI, ch. 8, 1141 b 8 et 12, trad. R.A. Gauthier et J.Y. Jolif, t.1, « Introduction et traduction », Louvain, Publications Universitaires, 1958, p. 170.

n'y a pas de science de la décision puisque celle-ci doit se prendre en défrichant les multiples composantes de la réalité. Seul le sage est apte à intégrer les enchevêtrements discordants caractéristiques des situations réelles.

Il est intéressant de voir que le *Decorum* d'Hippocrate attribue ce terme d'ami de la sagesse au médecin qui est attentif aux différents éléments qui déterminent la situation totale d'un patient, c'est-à-dire ses valeurs culturelles, ses idées de la vie, de la souffrance et de la mort. Il invite à implanter la médecine dans la sagesse et la sagesse dans la médecine.

La bioéthique n'est donc pas d'abord un essai d'adaptation de l'éthique mais une expérience de renouvellement de cette dernière tant par l'objectif poursuivi que par la méthode utilisée. Sa dynamique originale rejoint cependant autant les objectifs fondamentaux de la médecine tels qu'ils ont été définis par Hippocrate que le sens même de l'éthique, tel que perçu par Aristote. La bioéthique est une entreprise de sagesse.

Le présent volume

Cet esprit oriente la démarche du présent volume. Le lecteur n'y trouvera pas un traité de la « bonne mort » en contexte contemporain. A ce niveau de la mort, il n'y a pas une réponse toute faite, chaque personne devant inventer sa propre réponse. Dans ce sens, la mort avec dignité dont il est tellement question ces années-ci ne devrait pas être imaginée comme « une mort très douce », mais comme une mort qui respecte la personnalité et l'histoire d'un chacun. Ce que cet essai propose, ce sont des pistes de réflexion en vue d'aider à prendre des décisions aussi responsables que possible.

Les trois premiers chapitres abordent des problèmes généraux concernant la mort aujourd'hui.

Le premier chapitre traite de l'euthanasie. En effet, dans les débats publics à propos de la mort et du mourir, la discussion sur l'euthanasie devient fondamentale. Une réflexion d'ordre éthique qui cherche à être attentive à la sensibilité morale contemporaine doit aborder de front cette problématique.

Le second chapitre discute le thème de la responsabilité de la prise de décision et permet ainsi de présenter les différentes morales de la relation qui peut s'établir entre un professionnel de la santé et la personne qui le consulte.

Le troisième chapitre touche la question de l'abstention thérapeutique et de l'interruption de traitement. Est faite alors une analyse critique de la distinction entre moyens ordinaires et extraordinaires.

S'inscrivant dans ce cadre général, la seconde partie aborde, en trois chapitres, trois problèmes particuliers.

Le quatrième chapitre n'aborde pas tant la définition de la mort que ses critères de détermination en vue d'en dégager les implications pour la qualité des soins à offrir aux malades.

Le cinquième chapitre, tout comme le quatrième, se situe dans la foulée du chapitre consacré à l'abstention thérapeutique. Il aborde en effet le thème de l'abstention et de l'interruption du soutien nutritif.

Le dernier chapitre présente la situation particulière du nouveau-né handicapé ou prématuré.

Remerciements

Ce livre n'aurait pas vu le jour sans l'apport de nombreux collègues de différentes professions de la santé qui m'ont sensibilisé aux difficiles situations qui les confrontent. Le manuscrit a été lu par un certain nombre de spécialistes et de non-spécialistes ; leur lecture m'a permis de l'améliorer grandement. Le texte a été dactylographié par Danielle Chartrand qui a fait preuve de beaucoup de patience pour déchiffrer et corriger un manuscrit qui n'était pas toujours très clairement écrit. Que chacun trouve ici l'expression de mes plus sincères remerciements.

CHAPITRE 1

Euthanasie et qualité de la vie

L'histoire d'un cas

Un administrateur d'hôpital de 62 ans est atteint de
cancer à l'âge de 60 ans. Différentes combinaisons de
traitement en radiothérapie et chimiothérapie se révèlent
un échec ; la maladie continue à gagner du terrain. Les
séjours à l'hôpital se multiplient et se prolongent. Le médecin parvient de moins en moins facilement à contrôler
les épisodes de douleur et de fièvre. L'oncologiste (spécia-
liste des tumeurs) informe le patient du progrès de la
maladie, discute du sérieux de son état tout en maintenant
une attitude optimiste et lui offrant de nouveaux traitements en chimiothérapie. Le patient coopère très bien ;
son état cependant s'aggrave.

Un jour, le malade, à la surprise des soignants, demande
à son médecin de le tuer : «Vous me donnez un médica-
ment et nul ne le saura. De toute manière, je suis déjà en
phase terminale et ma mort est pour bientôt». Le médecin
lui explique qu'il ne peut répondre à sa demande. Un
psychiatre est alors demandé en consultation.

Le psychiatre remarque d'abord que l'alopécie et l'éry-
thème généralisée, conséquence de la chimiothérapie,
donnent à cet homme une apparence mauvaise. Ce dernier

cependant demeure alerte, cohérent et possède une mémoire intacte. Sans doute, est-il déprimé et épuisé. Il se
décrit lui-même comme un homme d'ordre qui privilégie
l'autonomie et a besoin du jugement positif des autres. Les
émotions lui déplaisent et la dépendance le détruit. Il hait
sa maladie et l'incapacité qui l'accompagne. Il a déjà pensé
à se suicider mais demeure incapable de passer à l'acte en
raison de sa peur et de son inquiétude par rapport aux
implications religieuses.

Enfant unique, le patient est marié depuis trente ans. Il
est père de trois enfants, tous mariés et dans la vingtaine.
Sa femme est adjointe-administrative. Le mariage a connu
des périodes troubles, entre autres une séparation de cinq
années avant la maladie du patient. Depuis la réconcilia-
tion, la vie du couple s'est améliorée. L'épouse et les
enfants ont discuté du sérieux de la maladie mais n'ont pas
abordé avec le malade la possibilité de la mort.

Le patient répète sa demande au psychiatre. Il désire
qu'on lui administre la drogue fatale car il craint de se
suicider. Son argumentation en faveur d'une telle requête
se fonde sur sa souffrance qu'il ne peut plus supporter, les
coûts financiers qu'entraîne son prolongement et le fardeau qu'il constitue tant pour sa famille que pour l'équipe
soignante. Sa dépendance l'embarrasse. « Je ne veux plus
de la chimiothérapie. Je veux que vous me donniez la
mort ».

Différentes interprétations

Lorsque dans un cours ou dans un atelier de formation
avec des professionnels de la santé, je pose la question :
« Faut-il prendre le malade au mot ? », différents points de
vue sont proposés. Pour les uns, une réponse positive
s'impose puisque ce malade « demeure alerte, cohérent et
possède une mémoire intacte ». Il n'a plus d'espoir et sa
vie de personne responsable est maintenant terminée. La

lecture du cas le démontre clairement. Pourquoi, fait-on remarquer, continuer à vivre si la vie n'est que cette condition d'impuissance ? L'euthanasie serait une manière de respecter non seulement la qualité de vie de cette personne, mais aussi l'autonomie qui spécifie le sens de son existence. Si, à la demande d'un malade, un médecin peut prolonger la vie, pourquoi, dans certaines circonstances, la mort ne pourrait-elle pas être hâtée ? Le refus de se conformer au vœux du patient n'équivaut-il pas à du paternalisme ? Les tenants de cette opinion reconnaissent les difficultés posées par la loi, mais font aussi valoir que l'éthique du respect de la personne passe par une aide à mourir lorsque certains patients la sollicitent expressément.

A la requête d'euthanasie, d'autres professionnels de la santé font ressortir la sympathie qu'ils éprouvent pour les souffrances de cet homme. Ils remarqueront : « Peut-être est-il compétent, mais il est aussi déprimé et épuisé ». La tâche des soignants est donc de l'aider à retrouver courage et meilleure apparence. De plus, la chimiothérapie doit cesser. Si l'interruption de traitement, accompagnée de support psychologique, est tout à fait acceptable, l'euthanasie active ne l'est pas ; seule l'est l'euthanasie passive. Dans les circonstances, une explication du motif du refus s'impose. Le professionnel de la santé, qu'il soit médecin, infirmière ou autre, doit témoigner de ses propres valeurs. S'il est prêt à faire un bout de chemin avec ce malade, il ne peut cependant l'accompagner jusqu'à l'extrême limite de sa demande. Non seulement la loi interdit-elle le geste, mais surtout les exigences de la profession et les croyances fondamentales dans le caractère sacré de la vie s'y opposent. Un médecin ou une infirmière doit pouvoir dire non, expliquer son refus, mais continuer à servir le malade avec grande bonté.

Dans ce même groupe opposé à l'euthanasie, certains

professionnels font remarquer que si le patient se suici-
dait, ils se tairaient sans doute, s'inclinant devant le choix
délibéré du patient. Ce serait son geste suprême d'autonomie. Mais comme le patient refuse ce choix, on ne voit pas
pourquoi un soignant est tenu de faire le geste que ce
malade se refuse à poser. Et cet aspect doit être aussi
discuté avec la personne.

   Un troisième groupe, sans nécessairement prendre parti
en faveur de l'une de ces deux positions, s'intéresse au
sens même de la demande. Pourquoi cette requête soudaine, mais bien réfléchie ? Quel sens prend-elle dans la
dynamique de la maladie ? Ce patient, avant sa maladie,
était au cœur de la vie d'un hôpital, il en était l'un des
gestionnaires ; il est maintenant devenu le dernier maillon
passif dans la chaîne des décisions qui le concernent. Il a
perdu son autonomie, sa vie relationnelle, son contrôle sur
les choses et sur les autres. En effet, il est exclu des gestes
qui orientent son présent et son futur. Sa famille parle de
lui, mais non avec lui. Son médecin le tient informé, mais
ne le fait pas réellement participer aux différentes prises
de décision que son état nécessite. De quoi ce malade
souffre-t-il ? Des traitements qu'il reçoit ou du vide qui
s'est fait autour de sa personne ? Pierre Baudry a bien
expliqué le sens de la demande du malade, qui ne demande pas tellement la mort « digne » que de pouvoir
échanger sur sa maladie et sur sa mort. « Non pas une
médecine plus « humaine », mais une nouvelle socialisa-
tion du mourir qui lui permette d'être arraché à sa solitude
et de dire sa différence [1] ».

   Une telle interprétation transforme la question éthique : non pas la légitimité de l'euthanasie, mais le rôle des
soignants dans la maladie terminale. Le patient a été

---

[1] Pierre Baudry, *Une sociologie du tragique*, Paris, CerfCujas, 1986, p.
174.

aliéné de sa vie et de sa mort. Comment lui permettre de reprendre charge de lui-même et contact avec son milieu ?

L'oncologiste interpréta ainsi la demande du patient. Il décida d'abord de discuter sérieusement avec le patient d'autres options possibles et de reconnaître qu'il avait poussé probablement trop fort en faveur de la chimiothérapie. De plus, il invita l'épouse et les enfants à s'entretenir avec le malade de sa mort prochaine, ce qu'ils firent avec beaucoup d'affection. A partir de là tout changea : la préoccupation majeure des soignants et de la famille s'orienta vers le confort du patient. Celui-ci retrouvant goût à la vie demanda même qu'on reprenne les traitements de chimiothérapie. Sa condition s'améliora à un point tel qu'il retourna vivre chez lui pour plus d'un mois avant d'y mourir.

Ce cas est exemplaire à plus d'un titre. Il représente parfaitement le contexte du mourir contemporain dans lequel la personne se trouve aliénée de sa propre existence, donc de sa mort. D'où l'ensemble des problèmes éthiques auxquels les soignants et les familles sont aujourd'hui confrontés. Après avoir abordé le contexte socio-culturel du mourir dans nos pays, je présenterai trois problèmes éthiques qui en découlent. Le premier portera sur le rôle du professionnel de la santé. Faut-il accéder à la demande d'euthanasie au nom de l'autonomie du malade ou aider ce dernier à redevenir le sujet de sa vie ? Le second portera sur le respect de la vie. Prendre au sérieux le caractère sacré de la vie s'oppose-t-il à la reconnaissance de sa qualité ? Le troisième s'intéressera au vocabulaire de l'euthanasie. Dans les débats actuels concernant l'euthanasie passive ou active, le langage n'est-il pas piégé ?

Mourir en contexte contemporain

Cinq propositions résument le contexte socio-culturel de la mort dans nos sociétés contemporaines. Même si Michel Vovelle au contraire de Philippe Ariès affirme qu'un âge d'or de la mort familière et sans peur n'a jamais existé [2], *la mort n'est plus ce qu'elle était.* A jeter un regard sur ce qu'était la mort jusque dans le premier quart du XXe siècle et comment elle se présente maintenant, il n'y a pas de comparaison. Les progrès médicaux ont bouleversé l'art du mourir : les causes de la mort ont changé, la durée du vivre et du mourir a été allongée, le malade ne meurt plus chez lui et de graves dilemmes se posent à propos des soins à prodiguer.

Un exemple résume la transformation. Autrefois, quand le médecin ne pouvait plus rien pour son malade, ce dernier était remis entre les mains de sa famille pour qu'elle en prenne soin et le médecin se retirait. Aujourd'hui, quand la famille ne peut plus rien pour son malade, elle le remet au système hospitalier pour qu'il en prenne charge et la famille doit souvent se retirer pour laisser les intervenants faire leur travail

La mort ne se définit plus comme un phénomène naturel. Non seulement prolonger, mais réellement faire vivre quelqu'un qui normalement devrait être mort caractérise l'activité quotidienne de la médecine moderne. La biomédecine, en raison des pouvoirs et des moyens qu'elle s'est donnés, peut garder en vie les fonctions vitales d'un corps bien après que le cours naturel de la maladie a détruit ces fonctions. Dans ce contexte, la mort doit être définie autrement. Elle n'est plus un phénomène naturel, elle est en notre pouvoir. Dans ce cadre nouveau, la non-inter-

---

[2] Michel Vovelle, *La peur de la mort a-t-elle une histoire ?* Autrement. La mort à vivre, n87, février 1987, p. 13.

vention résumée par l'expression « laisser la nature suivre son cours » est de moins en moins le fruit de la résignation et de plus en plus la conséquence d'une décision.

Ce contexte nouveau favorise l'agressivité thérapeutique. Il y a cinquante ans la médecine pouvait paraître comme une profession de la consolation. Elle était le plus souvent incapable de guérir. Les transformations récentes de l'art du médecin en science biomédicale ont complètement bouleversé l'approche ancienne. Si la science nouvelle est capable d'allonger la vie, pourquoi ne le ferait-elle pas même au détriment de la qualité de la vie du malade ?

Les prolongements extraordinaires font surgir le thème de l'euthanasie revendiquée contre l'acharnement thérapeutique. Ils ne peuvent, en effet, être séparés de l'esprit de la médecine moderne dont le mot d'ordre se résume ainsi : « On se bat jusqu'au bout ». Jusqu'à une époque récente, l'esprit médical agressif se révélait presque toujours heureux. Dans une économie de peu de moyens, c'était une exigence morale d'affirmer : « Si je peux le faire, je dois le faire ». Les progrès médicaux ont radicalement transformé la situation. Le médecin maintenant s'interroge : « Je peux le faire, dois-je le faire ? » S'ils vont heureusement sauver des vies, les moyens techniques nouveaux peuvent aussi prolonger des malades qui n'ont plus de la vie humaine que les apparences ; certains moyens prolongent davantage la mort que la vie.

L'esprit d'acharnement thérapeutique, parce que souvent incapable d'intégrer les autres dimensions du mourir, explique, au moins partiellement, le développement de sociétés qui, comme Exit (Angleterre) ou Hemlock (Californie), exigent le droit à l'euthanasie.

Les transformations de la médecine n'ont pas, à elles seules, créé les situations difficiles auxquelles nous sommes confrontés. Avant l'intrusion de la médecine dans le mourir, la mort humaine avait commencé à changer. Philippe Ariès, dans ses *Essais sur l'histoire de la mort en Occident,* a montré que depuis le milieu du 19e siècle dans les pays industrialisés on a commencé à priver le malade de sa mort : « L'entourage du mourant a tendance à l'épargner et à lui cacher la gravité de son état ; on admet toutefois que la dissimulation ne peut durer trop longtemps, le mourant doit un jour savoir mais alors les parents n'ont plus le courage cruel de dire eux-mêmes la vérité. Bref, la vérité commence à faire question [3] ».

Depuis un peu plus d'un siècle, le malade a commencé à se faire exclure de sa mort. La famille prend d'abord en charge cette mort avant de passer son fardeau, vers les années 1950, aux professionnels de la santé.

La culture occidentale refuse de reconnaître la mort et isole le mourant. L'organisation sociale a fait disparaître de la vie quotidienne la présence des mourants. On les fait entrer dans une institution spécialisée qui, par vocation, se refuse à reconnaître la mort puisque l'hôpital est la néga- tion même de son existence. Le vide humain se crée autour du malade ; son environnement se résume à la panoplie des instruments sophistiqués mais froids. On ar- rive mal, dans tout ce contexte, à reconnaître la réalité particulière de la personne en phase terminale.

Depuis près de dix ans maintenant des changements importants ont cours : soins palliatifs, affirmation des droits des mourants, testaments de vie, etc. Cela fait mê- me bien maintenant, de parler de la mort. On ne peut cependant dire que ces nouveautés aient à ce jour radica- lement transformé les attitudes profondes des profession- nels de la santé à l'égard des mourants. La personne doit toujours s'approprier sa mort contre la dynamique alié-

---

[3] Philippe Ariès, *Essais sur l'histoire de la mort en Occident,* Paris, Seuil, 1975, p. 71.

nante du système médico-hospitalier. Le contexte soulève donc des questions éthiques fondamentales. Trois d'entre elles seront maintenant discutées.

Le rôle du professionnel de la santé

Dans un contexte où le patient est privé de sa mort, quelle est la tâche des professionnels de la santé en vue de faciliter le renouement avec elle ? Face à l'euthanasie comme à l'ensemble des questions soulevées par le mourir contemporain, deux modèles de responsabilité sont proposés, l'un mettant l'accent sur l'autonomie du patient, l'autre sur la responsabilité professionnelle.

L'autonomie est l'une des valeurs caractéristiques de notre culture. Depuis vingt ans maintenant, la réflexion juridico-morale nord-américaine s'applique à intégrer cette valeur dans le secteur des soins de la santé. Les responsabilités morales du médecin, de l'infirmière ou de tout autre soignant, sont donc déterminées par les valeurs et les croyances du patient. Si celles-ci entraient en contradiction avec celles du médecin, ce dernier devrait les respecter et aider le malade à prendre des décisions d'ordre médical conformes à sa vision de la vie. L'exemple le plus fréquent d'une telle situation est celui du témoin de Jéhovah adulte qui au risque de sa vie, refuse une transfusion sanguine.

Le modèle de l'autonomie ne trouve pas son origine dans la tradition hippocratique. Ses sources sont l'histoire moderne du droit et de la philosophie : l'individu est son maître. Les philosophes du 18e siècle et les chartes des droits ont particulièrement mis en relief la place souveraine de l'individu s'affirmant contre les pouvoirs qui tentent de le contrôler. La relation du médecin et du malade se définit ici en termes contractuels. Le consentement éclairé est au cœur de ce contrat pour permettre au patient de décider en toute connaissance de son dossier. Les infirmières, dont la profession s'est profondément transformée ces dernières décades, affirment largement leur soutien à cette position, du moins en Amérique. Leur objectif de travail n'est-il pas de redonner à la personne blessée par la maladie la responsabilité de son existence? Contre ce modèle, les critiques mettent en avant que l'individu malade se transforme lui-même en être dépendant. L'expérience des médecins le confirme : le malade se fait dépendant de la responsabilité du professionnel. Souvent il s'infantilise lorsqu'il devient malade.

Le second modèle trouve son origine dans la responsabilité professionnelle telle qu'elle est exprimée tout au long de l'histoire de la médecine occidentale. Hippocrate l'avait ainsi formulée dans son Serment : «Je dirigerai le régime des malades à leur avantage, suivant mes forces et mon jugement, et je m'abstiendrai de tout mal et de toute injustice». Le médecin qui en raison de ses habiletés est en mesure de déterminer le meilleur intérêt de son malade prend les décisions qui s'imposent.

La bienfaisance est la vertu par excellence de la profession médicale ; elle donne sens à un service que l'on identifie souvent à une vocation. Ce modèle n'est d'ailleurs pas propre à la profession médicale. Tout soignant agit dans l'intérêt de son patient car son art lui en donne le talent. Cet intérêt se définit à partir de la nature de la médecine ; on parle alors d'intérêt clinique. Il s'agit de remettre en santé, de soulager de la douleur et de la souffrance, de prolonger une vie, d'améliorer une ou des conditions chroniques. Les intérêts poursuivis sont donc ceux définis par la médecine.

Qu'en serait-il cependant si les objectifs médicaux ne rencontraient pas ceux du patient, allant même à l'encontre de ses valeurs comme dans le cas du témoin de Jéhovah refusant une transfusion sanguine ? La responsablité médicale a-t-elle ici priorité sur l'autonomie du patient ? Si oui, n'est-on pas justifié de parler de paternalisme médical plutôt que de bienfaisance ? Si le témoin de Jého- vah a le droit de disposer de sa propre vie, pourquoi ne reconnaîtrait-on pas un pareil droit à une personne qui souffre d'une maladie mineure ou à celle qui a besoin d'une chirurgie majeure ?

Dans la littérature éthique actuelle, le plus souvent ces deux modèles s'opposent, l'un privilégiant le caractère adulte du patient, l'autre le réduisant à un statut de mi- neur. Cette opposition est-elle nécessaire ? Je ne crois pas. Les deux modèles doivent d'abord reconnaître leurs limi- tes. Dire que le modèle de la responsabilité médicale poursuit le meilleur intérêt du malade sous-entend parfois que le modèle de l'autonomie ne s'y intéresse pas. Pour- quoi cette exclusive ? Le patient ne poursuit-il pas son meilleur intérêt et n'est-il pas, sauf exceptions, mieux placé pour le déterminer ? D'autre part, le modèle d'auto- nomie qui définit la rencontre clinique comme une sorte de contrat entre deux individus exclut de sa définition un caractère essentiel, puisque cette entente ne se fait pas entre égaux. En effet, l'un des contractants n'est pas libre de négocier avec son vis-à-vis : son état l'oblige à s'en remettre à l'autre. L'opposition entre les deux modèles ne tient pas compte de la complexité de la situation de la personne malade.

Ces deux modèles, de plus, se complètent l'un l'autre. L'inégalité du pouvoir en faveur du professionnel de la santé, médecin ou autre, n'impose-t-elle pas à ce dernier une responsabilité particulière pour que l'autre partenaire puisse dans sa maladie demeurer un être responsable ? La bienveillance de l'un doit viser l'autonomie de l'autre. Sans doute, le fait d'être malade rend la personne dépen- dante et toutes sortes de pressions s'exercent sur elle. Il y a risque que le professionnel utilise alors son savoir pour imposer son pouvoir. La bienveillance prendrait ici une figure paternaliste. Le modèle idéal de la relation entre le patient et le professionnel de la santé est sans doute celui de l'alliance thérapeutique pour reprendre un vocabulaire américain d'inspiration biblique.

Les deux modèles ont des richesses propres qui ne peuvent être sacrifiées. L'un valorise l'intégrité morale de la personne, c'est-à-dire son identité. L'autre met en relief la tâche même des professions de santé, c'est-à-dire servir cette personne en détresse. Privilégier un modèle au détriment de l'autre, c'est abandonner des valeurs nécessaires à la promotion du meilleur intérêt du malade. Renouer avec la personne totale en situation concrète, exige des professionnels de la santé de se mettre avec bienveillance au service de l'intégrité morale de la personne. Le cas présenté au début de ce chapitre le manifeste éloquemment.

Qualité de la vie

Dans l'histoire du cas de cet administrateur d'hôpital, tous les intervenants reconnaissent sa pauvre qualité de vie. Pour les uns, c'est suffisant pour répondre positivement à la demande d'euthanasie alors que pour d'autres le caractère sacré de la vie interdit d'obéir à la requête du malade. Le troisième groupe, s'il reconnaît les objectifs poursuivis par les tenants des deux positions précédentes, ne peut accepter leur vision limitée qui ne rejoint pas la réalité vivante du malade.

Les débats contemporains sur l'avortement divisent l'opinion publique en deux camps, les «pro-vie» et les «pro-choix». La même opposition se retrouve dans les discussions actuelles sur le mourir avec à peu près les mêmes arguments. Les « pro-choix » portent le fanion de la qualité de la vie et les « pro-vie » celui de la sainteté de la vie. Tout comme le concept d'autonomie, celui de qualité de la vie remonte à la période des Lumières, et même avant, si l'on pense à des auteurs anglais comme Francis Bacon, Thomas More et John Donne. Les êtres humains deviennent responsables de leur destin. En se donnant les moyens de transformer leurs conditions de vie, ils se libèrent d'un monde que certains définissent comme « une vallée de larmes ». Pour reprendre une expression de Saint-Just, « le bonheur est une idée neuve en Europe ». A cette période de l'histoire surgit une préoccupation nouvelle qui se développera jusqu'à nos jours : la qualité de vie.

Le concept de qualité de vie (mis actuellement en avant comme critère de décision dans les soins de santé) affirme que si comme tout autre organisme biologique l'être humain est vivant, il est cependant une histoire personnelle dont le sens est celui qu'il lui donne. La distinction entre avoir et être, établie par Gabriel Marcel est ici éclairante. A quoi bon avoir la vie si je ne suis plus ? La qualité de la vie est devenue un concept majeur dans le domaine de la santé. En effet, l'acharnement thérapeutique fait au nom du caractère sacré de la vie paraît nier la vie humaine elle-même dans ce qu'elle a de meilleur : un organisme biologique plutôt qu'un être humain est parfois prolongé.

L'expression qualité de vie telle qu'elle est utilisée se comprend par opposition à sainteté ou caractère sacré de la vie. Comment les partisans de la qualité de la vie interprètent-ils le caractère sacré de la vie ? Ils interprètent cette dernière expression comme signifiant que tout traitement qui peut prolonger une vie humaine doit être entrepris. La vie étant une valeur sacrée, tout doit être mis en œuvre pour la préserver. A partir de cette interprétation, les tenants de la qualité de la vie raconteront des

histoires d'horreur concernant le prolongement de certains malades fait au nom de la responsabilité médicale de
respecter la vie. Dans de tels cas, qui se retrouvent à peu
près dans tous les hôpitaux de nos pays, la sainteté de la
vie prend plutôt le nom de vitalisme médical, cette philosophie qui fait de la vie une valeur ultime et absolue.

L'interprétation vitaliste du concept sainteté de la vie
respecte-t-elle son sens profond et originel qui est un sens
religieux ? La réponse est négative. La philosophie des
Lumières a naturalisé le concept et l'a durci, la dimension
intouchable prenant toute la place. Dans la Bible, il n'en
est pas ainsi. En même temps qu'il donne le commande-
ment « Tu ne tueras pas », Dieu ordonne de mettre à mort
les ennemis de son peuple comme la prise de Jéricho par
Josué le démontre amplement (Josué 6, 21). Il y a de
nombreuses exceptions à l'interdit de meurtre. La vie est
sacrée non parce qu'elle est interdite, mais parce qu'elle
est sainte, c'est-à-dire en relation étroite avec Dieu qui en
est le créateur. « Dans le récit de création le plus ancien, la
tradition jahviste, Dieu façonne de ses propres mains ce
corps argileux dans lequel il insuffle de sa propre haleine
la vie qui respire et circule [4] ». Le Dieu vivant est le Dieu
de tous les vivants. Toute vie participe à l'existence de
cette vie de Dieu : « Dans la Bible, la vie est si fondamentale qu'elle est la perfection de Dieu lui-même : Dieu est
vivant et vivifiant [5] ».

Cette vision aboutit à un extrême respect de la vie.
Celle-ci est à ce point aimée de Dieu qu'il la fait être dans
un environnement béni pour qu'elle puisse se développer.
La mentalité judéo-chrétienne non seulement respecte la
vie, mais se sait responsable de son développement : il faut

---

[4] André Dumas, *Fondements bibliques d'une bioéthique,* Le Supplément, 142, septembre 1982, p. 357.
[5] Dumas, p. 356.

donner chance à cette vie pour autant que c'est possible et bon pour elle. La sainteté et qualité de la vie vont de pair : «Et Dieu vit que cela était bon».

Certains commentateurs fondent leur interprétation vitaliste de la sainteté de la vie sur l'affirmation que la vie est don de Dieu et que dans ce sens elle ne nous appartient pas. Beaucoup de croyants trouvent ici leur argument fondamental pour s'opposer à toute forme d'euthanasie. Comment évaluer cette position ? La vie comme don de Dieu est une expression qui se prête à différentes interprétations selon, entre autres, le sens que le mot don recevra. Celui-ci peut être défini comme un objet que quelqu'un reçoit en cadeau et dont il devient propriétaire. Le nouveau possesseur de l'objet en disposera à sa guise.

Dans le cadre de cette interprétation, si la vie est un don de Dieu, la personne qui l'a reçue ne peut-elle pas agir selon son bon plaisir ? Le suicide et l'euthanasie paraissent ici possibles ; il y aurait même contradiction à lier ensemble la vie comme don de Dieu et la non-maîtrise sur elle. Dieu fait-il ou non cadeau de cette vie ? Cette première interprétation ne donne pas de place à la reconnaissance à l'égard du donateur, mettant plutôt l'accent sur le droit de propriété acquis par le don.

Une autre vision existe ; elle met l'accent sur le rapprochement entre les personnes que le don facilite. Celui-ci devient source d'une relation plus profonde entre deux êtres. Deux personnes deviennent liées et ne veulent surtout pas détruire cette alliance que le don a permis de développer. Le cadeau offert n'est pas un avoir dont dispose à sa guise le receveur mais une relation qu'il cultive avec grand soin. Telle est fondamentalement la perspective du croyant, une perspective d'alliance. En tant que don de Dieu, la vie est donc une tâche à faire grandir et une espérance à poursuivre dans la fidélité.

Cette seconde interprétation libère d'une lecture léga-

liste de la relation de la personne à Dieu. Dans ce contexte, le suicide et l'euthanasie ne sont pas d'abord défendus. De fait la Bible fournit quelques exemples de suicide
et ne l'interdit jamais explicitement. De plus la vie comme
don de Dieu ne peut être séparée de la responsabilité
humaine d'en prendre charge. Cela pourrait donc signifier
qu'en certaines circonstances un terme y soit mis. Il me
semble cependant qu'à l'intérieur de la tradition chrétienne de tels gestes, sauf situations exceptionnelles, ne
peuvent faire sens. Il y a, en effet, la valorisation de la vie
comme alliance. Ce serait la perspective de l'Ancien Testament. De plus, ces gestes tendent à nier l'espérance que
la mort et la résurrection de Jésus apportent au chrétien
au cœur même de l'échec.

La perspective développée ici fait voir que le caractère
sacré de la vie ne s'oppose pas nécessairement à la qualité
de la vie. Dans la tradition judéo-chrétienne, les deux
dimensions s'appellent l'une l'autre. Dans nos sociétés
occidentales issues de cette tradition, la préservation de la
vie humaine est une valeur fondamentale bien que non
absolue. La présomption en faveur de la vie doit être en
effet tempérée sinon l'absolutisme du principe pourrait
conduire au non respect de certains malades. Cette position est maintenant bien reconnue. Deux textes peuvent
être ici éclairants à ce propos :

> Des considérations portant sur la qualité de la vie peuvent
> être légitimes dans les prises de décision et peuvent servir
> de critères valables pour justifier certains actes qui peu
> vent paraître attentatoires à la vie conçue comme valeur
> exclusivement quantitative [6].

---

[6] Commission de réforme du droit du Canada, *Euthanasie, aide au
suicide et interruption de traitement,* Document de travail 28, Ottawa,
1982, p. 44.

> Le service auquel vous (médecins) êtes appelés doit comprendre et, en même temps, dépasser la corporéité, précisément, parce que celle-ci n'épuise pas la vie [7].

Le vocabulaire de l'euthanasie

Le mot euthanasie reçoit différentes définitions. Le Petit Robert, édition 1986, lui donne deux sens, l'un qu'il nomme médical et l'autre courant. Le premier parle de « mort douce et sans souffrance ». C'est là son sens étymologique. Dans les langues modernes, comme le français et l'anglais, le mot serait apparu avec le 17e siècle. Il semble cependant que Suétone (120 av. J.C.) ait déjà utilisé le mot en parlant de l'empereur Hadrien qui priait pour que sa mort soit rapide et sans souffrance. Depuis quelques décades, un nouveau sens qui est devenu courant a été introduit. Il s'agit « de hâter ou de provoquer la mort pour délivrer un malade incurable de souffrances extrêmes, ou pour tout autre motif d'ordre éthique ». La doctrine avait cependant commencé avant que le mot prenne le sens qu'on lui connaît puisque déjà Thomas More dans *Utopia* proposait semblable démarche.

Ce dernier sens reconnu, il faut ajouter que l'euthanasie sera qualifiée de négative, indirecte ou passive, et de positive, directe ou active. La distinction porte ici sur l'acte de donner la mort par opposition à l'omission. Une autre qualification du mot est celle de volontaire et d'involontaire. Dans ce cas, la personne a consenti ou non au geste d'euthanasie active ou passive. La complexité du langage et les risques d'ambiguïté sont tels que la Com-

---

[7] Jean-Paul II, *Le médecin au service de la personne,* Patrick Verspieren, dir., « Biologie, médecine et éthique », Paris, Le Centurion, 1987, p. 290 ; ce texte rejoint celui de Pie XII, *Problèmes médicaux et moraux de la réanimation,* Patrick Verspieren, p. 368.

mission de réforme du droit du Canada dans son document intitulé *Euthanasie, aide au suicide et interruption de
traitement* a délibérément restreint l'usage du mot « pour
désigner exclusivement l'acte positif de causer la mort à
quelqu'un pour des raisons humanitaires [8] » avec le consentement de l'intéressé.

L'option de la Commission est sage. En effet, cesser une
médication, débrancher un malade ou ne pas réanimer un
patient, pourrait être autant un geste d'euthanasie active
que passive selon les circonstances. L'omission peut causer directement la mort. Lorsque le mot euthanasie passive est utilisé, l'on veut ordinairement souligner l'interruption de traitement en raison du fait que le traitement
ne sert pas les meilleurs intérêts du malade ou qu'il prolonge davantage la mort que la vie. L'objectif n'est pas de
hâter la mort. Pourquoi ne pas plutôt utiliser l'expression
interruption de traitement ? Le sens courant d'euthanasie,
en effet, signifie provoquer la mort. Le qualificatif de
passif ajoute soit une ambiguïté soit une contradiction. Ou
bien on provoque par omission, ce qui est l'euthanasie
active, ou bien on interrompt par refus de provoquer tout
en utilisant un mot dont le sens est d'action.

Le mot euthanasie doit être utilisé pour signifier l'acte
de causer la mort. Pour exprimer l'idée dont on cherche à
rendre compte par l'expression euthanasie passive, le concept interruption de traitement devrait être préféré. Mais
ici encore il y a problème. En effet, le soin à offrir à
quelqu'un en phase terminale ne peut jamais être de
l'inaction ou de l'omission. La question pour un professionnel de la santé n'est pas : faut-il ou non traiter mais
quel traitement faut-il offrir ? La tâche du professionnel à

---

[8] Commission de réforme, p. 50. La Congrégation de la doctrine de la
foi dans sa déclaration sur l'euthanasie prend une position semblable.
Patrick Verspieren dir., p. 417.

l'égard de la personne en phase terminale n'est donc pas terminée quand certains traitements ne sont plus indiqués. La responsabilité se continue mais dans une ligne particulière, comme le contrôle de la douleur, le soutien psychologique et spirituel, en un mot l'attention à toute la personne. Comment parler alors d'arrêt de traitement ?

Cette préoccupation prend maintenant le nom de soins palliatifs. L'objectif de ce service n'est pas d'abord de prolonger la vie à tout prix ou de hâter la mort, mais d'aider à vivre avec sens et qualité la rupture souvent révoltante qu'est la dernière phase de la vie. Pour les soins palliatifs, des expressions comme euthanasie passive et interruption de traitement ne parviennent pas à bien cerner la tâche des professionnels de la santé lorsque des traitements en vue de la guérison ne sont plus possibles. L'expression soins palliatifs est, pour le moment, la meilleure. Le terme soins terminaux pourrait être aussi utilisé pour rendre compte de la tâche des soignants à l'égard des personnes en phase terminale.

Éthique et euthanasie [9]

Dans la plupart des sociétés, la loi interdit l'euthanasie ; la personne n'a pas ce droit. Pourquoi en est-il ainsi si l'autonomie est une valeur fondamentale en médecine moderne ? Le droit à l'euthanasie est mis en avant par certains philosophes américains et européens ; ils parlent alors de suicide rationnel assisté. De fait, quand le patient va bientôt mourir sans aucun espoir d'amélioration et que

---

[9] Pour une intéressante réflexion sur le sujet, voir Luce Des Aulniers, *Le mourir contemporain et l'euthanasie,* D. Blondeau, dir., « De l'éthique à la bioéthique : repères en soins infirmiers », Chicoutimi, Gaetan Morin éditeur, 1986, pp. 189-219.

sa souffrance est insupportable, ne serait-il pas plus humain de donner la mort ?

Les soins palliatifs nous obligent à poser la question autrement. Si la douleur physique est atténuée et l'écoute profonde du malade se poursuit avec attention et affection, l'expérience démontre que la personne va encore vivre avec sens et qualité, malgré les angoisses et la peine [10]. Dans ce contexte, ne faut-il pas reconnaître que sa présence aux siens lui est une sorte d'obligation ? Elle peut se sentir un fardeau pour la communauté. Cette dernière, particulièrement par le travail des infirmières et d'autres professionnels de la santé, a le devoir de lui manifester qu'être dépendant de quelqu'un n'affaiblit pas le corps social mais le fortifie.

De plus, comme le montre le cas de l'administrateur d'hôpital qui a été présenté au début de ce chapitre, il n'est pas toujours facile de saisir le sens de la demande. Prendre au mot la demande de cet administrateur l'aurait privé de moments de grande intensité humaine qu'il a vécus avec son épouse et sa famille. Cette famille aurait manqué un des moments les plus émouvants et les plus profonds de son être ensemble.

D'autres raisons mettent en cause la validité de l'argumentation en faveur de l'euthanasie. Le vieillissement de la population et les préjugés naturels à l'égard des personnes qui souffrent de handicaps, sont, entre autres, porteurs de risques d'abus. « Il existe un danger réel que la procédure, mise au point pour permettre de tuer ceux qui se sentent un fardeau pour eux-mêmes, ne soit détournée progressivement de son but premier, et ne serve aussi éventuellement à éliminer ceux qui sont un fardeau pour

---

[10] Patrick Verspieren, *Face à celui qui meurt,* Paris, Desclée de Brouwer, 1984, 205p. a bien traduit l'expérience anglaise et canadienne des soins palliatifs.

les autres ou pour la société [11]». Ce type de réflexion s'impose d'autant plus qu'un professionnel de la santé est, par vocation, responsable de donner chance à une autre vie. Si ce professionnel peut terminer la vie d'un autre, c'est toute la relation médecin-patient qui est mise en cause. En effet, la possibilité de donner la mort conduirait à la destruction de la confiance qui est à la base de la rencontre clinique et abolirait le sens même de la visée des soins de santé.

Etre un partisan de l'euthanasie n'implique pas que l'on ne respecte pas la vie. Au contraire, c'est faire montre de souci moral que de privilégier l'autonomie de la personne de manière à favoriser une mort humaine. Les arguments des tenants de cette thèse ne sont pas sans force : leurs positions sont inspirées d'un profond amour de la vie et leurs opposants ne les écoutent pas avec suffisamment d'ouverture. Tous, d'ailleurs, connaissent des cas où l'euthanasie paraîtrait la moins mauvaise solution. Et pourtant, à court et à long terme, ce sont les groupes de personnes les plus faibles qui souffriraient le plus d'une politique favorable à l'euthanasie.

Tout un courant de pensée américain dont James Rachels est le principal porte-parole soutient qu'il n'y a pas de différence entre tuer (euthanasie active) et laisser mourir (euthanasie passive) quelqu'un. Louis-Vincent Thomas dans *Mort et Pouvoir* avait déjà montré à la suite de Jean Ziegler que «provoquer directement ou indirectement la mort, n'est-ce pas, après tout, la même chose dans la mesure où on le fait sciemment en toute connaissance de cause [12]». On est ailleurs ramené à la faiblesse de la distinction entre euthanasie active et passive dont il a été

---

[11] Commission de réforme, p. 53.
[12] Louis-Vincent VIncent, *Mort et pouvoir,* Paris, Petite bibliothèque Payot, 1978, p. 91.

déjà question. On a raison d'argumenter que prendre une décision de tuer quelqu'un par bonté ou prendre la décision de laisser la nature suivre son cours, c'est prendre une décision. C'est de l'ordre de la responsabilité humaine. S'il y a une distinction entre tuer et laisser mourir quelqu'un, elle n'est pas au plan d'agir ou de ne pas agir, elle est au plan de la réalité différente de l'agir. Dans un cas, l'intervenant agit de façon irréversible pour hâter la mort, dans l'autre non (soins palliatifs, confort, etc), d'autant plus que dans ce dernier cas, il ne s'agit ni de hâter ni même de mettre fin à la vie de quelqu'un. Au contraire, on cesse toute tentative considérée inutile. Il y a là une différence essentielle et dans l'intention et dans l'agir. Cette distinction s'impose d'autant plus qu'il y a à peu près 10% de mauvais diagnostics et que près de 10% des patients dont le dossier indique de ne pas réanimer quittent l'hôpital en vie [13].

Ces dernières pages font valoir que l'euthanasie soulève plus de questions qu'elle n'en résoud lorsque l'on pense en termes de service au patient. Les Eglises condamnent avec force le mouvement en faveur de l'euthanasie. Elles le font au nom du respect de la vie. Sans doute ont-elles raison d'affirmer les risques de l'euthanasie établie en politique médicale et sociale. Cette proclamation du respect de la vie ne sera cependant entendue que si elle se transforme en respect du malade et en promotion de sa vie concrète. S'il en était ainsi le débat actuel sur l'euthanasie prendrait probablement une autre tournure, le patient devenant le centre des préoccupations de toute la communauté.

---

[13] Robert Baker, *On Euthanasia,* J.M. Humber et R.F. Aldemer, dir., «Biomedical Ethics Reviews», Clifton, N.J. Humana Press, 1983. p. 16.

CHAPITRE 2

La responsabilité de la décision ?

L'histoire d'un cas

Mme Dubuc est âgée de 78 ans. Elle est veuve depuis sept ans. Quelques années après la mort de son mari, sa fille Hélène et son gendre qui ont trois enfants d'âge scolaire l'ont accueillie dans leur maison. Mme Dubuc souffre d'arthrite ; le coude et les articulations du poignet la font particulièrement souffrir. De plus, elle souffre d'un désordre organique au cerveau et, par intervalles, son esprit est confus. Lorsque lucide, Mme Dubuc est heureuse de prendre part à la vie de la maison. Elle aide alors au lavage, à la préparation des repas et à d'autres tâches domestiques. Il lui est cependant impossible de s'absenter seule de la maison. Que ce soit pour aller à l'église ou s'acheter des vêtements, un des membres de la famille doit l'accompagner.

Un après-midi, Hélène conduit sa mère à l'urgence en raison de troubles respiratoires. L'examen physique ne révèle aucun problème particulier bien qu'une petite tache sur le poumon droit se lise sur la radiographie. Selon le radiologiste, il pourrait s'agir d'un cancer ; le médecin propose alors une bronchoscopie pour confirmer ou infirmer le diagnostic suggéré. Cette procédure qui n'est pas de soi dangereuse est pratiquée sous sédation. Lorsque le médecin lui explique l'examen qu'on se propose de lui faire subir, Mme Dubuc refuse parce qu'elle s'oppose à être intubée. Elle se dit très bien et ne comprend pas ce qui se passe. Elle veut simplement retourner chez elle.

Sa fille, au contraire, soutient que sa mère est confuse et qu'elle a perdu la maîtrise d'elle-même. Selon Hélène, sa mère ne sait pas ce qu'elle fait. Un psychiatre est alors appelé en consultation. L'examen psychiatrique révèle des signes de détérioration au plan de la mémoire et de désorientation quant au temps et à l'espace. La patiente est aussi agitée et distraite. Le psychiatre conclut son examen sommaire en disant que Mme Dubuc ne peut être déclarée incapable de discernement pour toutes décisions d'ordre médical bien que l'actuel refus ne peut être fondé sur un raisonnement dont le processus soit correct. Mise au courant du diagnostic psychiatrique, Hélène exige la bronchoscopie pour que l'on puisse déterminer aussitôt le sérieux de la condition de sa mère.

Les interventions possibles

Le cas de Mme Dubuc n'est pas exceptionnel. De plus en plus de personnes parviennent à un âge avancé. Elles sont jugées capables d'indiquer leur volonté mais leur capacité réelle de discernement paraît cependant difficile à évaluer. On parlera alors de zone grise. Beaucoup d'intervenants agissent comme Hélène le propose ici. Les enfants et les soignants ont une tendance paternaliste : il faut, en quelque sorte, protéger la patiente contre elle-même puisqu'elle est incapable de prendre une décision rationnelle. Il faut empêcher la personne de mourir, même contre son gré.

Dans la situation qui nous est décrite, d'autres intervenants se refuseraient à agir contre la volonté de Mme

Dubuc avant d'avoir vérifié un certain nombre de don-nées. S'il est vrai, par exemple, que Mme Dubuc semble, à ce moment précis, incapable de prendre une décision au-tonome, il importe cependant de déterminer l'origine de sa présente incapacité. Est-ce purement momentané en raison de sa venue soudaine à l'urgence de l'hôpital? Peut-être est-elle sous l'effet d'un sédatif comme il arrive souvent chez les personnes âgées? En tentant de mieux connaître l'histoire de cette personne, le professionnel pourra mieux saisir le sens de son refus. Entre autres, quelle est sa personnalité? Comment se manifeste-t-elle dans les événements quotidiens? Quels rapports entre-tient-elle avec sa fille? Sont-elles toujours d'accord? De plus, le professionnel doit aussi s'enquérir du sens de l'exigence de sa fille. Les familles sont souvent démunies devant la perte possible d'un être cher, ce qui risque de les entraîner dans des conduites qualifiées d'irrationnelles. Dans la situation décrite ici, ces démarches s'imposent puisque il n'y a pas urgence à faire la bronchoscopie. La procédure peut attendre si le médecin croit qu'il est plus important de chercher à saisir le sens de la position de la patiente que de faire un examen qui pourrait être cause de traumatisme.

La situation de Mme Dubuc correspond à celle de nom-breuses personnes dont la capacité n'est pas clairement établie ou n'existe que par intermittence. Avant d'en venir à une réflexion éthique plus poussée sur ce type de situa-tion, il sera d'abord question de la personne capable de discernement. Ensuite, la personne incapable sera étu-diée. Enfin, éclairé par la réflexion sur les deux situations opposées, je proposerai quelques pistes pour faciliter la prise de décision dans les cas ambigus.

La personne capable

Le développement de l'éthique médicale a, ces dernières décades, valorisé la responsabilité du patient capable. Que le patient soit considéré comme le maître absolu des décisions qui concernent son propre corps, n'est pas toujours accepté sans réticence. Entre l'Europe et l'Amérique, il semble y avoir à ce propos des différences considérables. La responsabilité médicale d'informer le plus complètement possible paraît, à certains, plus exigeante en Amérique [1], bien que l'Académie suisse des sciences médicales soit expresse à ce propos : la volonté du patient « quant au traitement doit être respectée, même si elle ne correspond pas aux indications de la médecine [2] ». Le code de déontologie de l'Association médicale canadienne qui date de 1984 fait du patient la source de la décision, le médecin faisant la recommandation. La seule situation où ce dernier prend sur lui la décision d'administrer un traitement qu'il juge approprié, c'est « dans le cas où le patient est incapable de donner son consentement et en l'absence de toute personne habilitée à le faire [3] ». Il n'en demeure pas moins que même au Canada la description que donne François Isambert du consentement éclairé paraît davantage correspondre à la pratique : « Le consentement est au cœur de la relation entre médecin et patient (tout contrat,

---

[1] George Annas, *Why the British Courts Rejected the American Doctrine of Informed Consent*, American Journal of Public Health, 74, November 1984, pp. 1268-1278 ; Viviane De Vahl Davis, *The Responsible Doctor or the Prudent Patient*, IME Bulletin, Supplement n1, May 1986, pp. 14-18.

[2] Académie suisse des sciences médicales, *Euthanasie*, Médecine et Hygiène, 35, n 1238, 27 avril 1977, p. 1152.

[3] Association médicale canadienne, *Code de déontologie*, Ottawa, 1984, article 14. Des copies du Code de déontologie peuvent être obtenues en écrivant au siège de l'Association, 1867 Promenade Alta Vista, Ottawa, Canada K1G 3Y6.

pour être valide, nécessitant le consentement libre et informé des parties), mais que cette nécessité du consentement se trouve limitée par l'obligation générale de sauver et de guérir, qui aboutit à se passer du consentement dans les cas d'urgence, ou à ne pas informer le malade de son état si cette révélation peut être préjudiciable [4].» Pratiquement, des deux côtés de l'Atlantique, le fossé ne serait pas aussi profond que certaines positions pourraient le faire croire.

Le cas classique utilisé dans tous les cours d'éthique et de droit est celui du témoin de Jéhovah adulte qui refuse une transfusion sanguine qui lui sauverait la vie. Dans une telle situation le médecin fait signer une autorisation de refus de traitement de manière à se protéger contre toute poursuite éventuelle. Ce cas démontre que la personne capable a le droit absolu de refuser un traitement médical ou d'exiger son interruption.

Dans le cas du témoin de Jéhovah adulte, tout comme dans d'autres situations de refus de traitement, il y a évidemment un conflit entre le droit du patient de décider de sa propre vie pour des motifs religieux ou autres, et la responsabilité médicale d'utiliser les mesures diagnostiques conformes à l'art médical. Le droit de la personne capable est reconnu comme le plus fondamental dans les sociétés modernes. Mais la personne malade a-t-elle encore la capacité nécessaire pour décider de manière autonome ? La responsabilité médicale ne doit-elle pas alors être l'essentiel point de référence puisqu'une vie est en jeu ? « Faire passer avant tout le bien-être du malade » est, d'ailleurs, la première norme des codes de déontologie.

---

[4] François Isambert, *Le consentement : le point de vue d'une éthique rationnelle,* Médecine et Hygiène, 44e année, 15 août 1986, p. 2021.

L'autonomie du patient

Les sociétés modernes ont résolu le dilemme en faveur du patient. Cela tient à deux motifs principaux, liés d'ailleurs l'un à l'autre. Le premier est la valeur constitutive de la liberté et de l'autonomie de la personne dans nos sociétés libres et démocratiques. C'est un truisme de rappeler qu'avec Kant et l'époque des Lumières, on a cherché à secouer le joug des autorités et des institutions qui contrôlent les individus tout en reconnaissant la multiplicité des Eglises et des idéologies dans la société. La révolution morale Kantienne consiste à libérer le sujet de son hétéro-détermination pour qu'il agisse en déterminant lui-même le contenu de son action. Au plan éthico--juridique, ce mouvement d'affirmation de l'individu a donné les chartes des droits où le sujet est reconnu le maître de son vouloir que nul ne peut contester à moins que l'action qui en découle ne nuise à la société. Le respect des droits de la personne est maintenant au cœur des débats moraux de nos sociétés. Même l'Eglise qui a longtemps boudé le combat pour des droits de la personne les reconnaît aujourd'hui comme « un révélateur de la foi et un appel à la purifier [5] ». Déjà dès 1957, Pie XII reconnaissait que « les droits et les devoirs des médecins sont corrélatifs à ceux du patient. Le médecin n'a pas, à l'égard du patient, de droit séparé ou indépendant en général. Il ne peut agir que si le patient l'y autorise explicitement ou implicitement (directement ou indirectement) [6]. »

---

[5] Michel Barlow, *L'évangile des droits de l'homme,* Paris, Cerf, 1984, p. 4.
[6] Pie XII, *Problèmes médicaux et moraux de la réanimation,* Patrick Verspieren, dir, «Biologie, médecine et éthique», Paris, Le Centurion, 1987, p. 369.

Le respect des droits de la personne ne signifie pas que celle-ci prendra nécessairement la meilleure décision ou qu'aucun conditionnement ne façonne l'option prise. Tout simplement, il est reconnu que l'individu est le responsable ultime de ses décisions. Comme l'avait déjà remarqué Hegel, il n'y a pas de contenu dans la morale kantienne [7] même s'il y a une affirmation morale fondamentale, celle de la primauté du sujet. Pour comprendre la prééminence du patient sur le professionnel de la santé lorsqu'une décision s'impose, c'est donc à l'histoire intellectuelle des derniers siècles qu'il faut remonter.

Une seconde raison amène, depuis quelques années, à porter la lutte de l'autonomie de l'individu sur le terrain de la médecine organisée. Le développement de celle-ci en une organisation techno-scientifique et bureaucratique a détruit la relation traditionnelle de confiance entre le médecin et le malade. La médecine qui se développe avec le XIXe siècle et qui prend son inspiration dans la tradition hippocratique est caractérisée par l'entretien clinique ou la relation thérapeutique. La rencontre rapproche deux êtres dont l'un a confiance en l'autre ; le fondement de la relation est en quelque sorte l'amitié. Comment, dans ce contexte, mettre en cause la responsabilité médicale dans la prise de décision ?

Avec le XXe siècle, l'institution médicale en raison de sa croissance techno-scientifique et bureaucratique fait face à de nouveaux défis. Les spécialités biomédicales se multiplient et les malades affectés d'une ou plusieurs conditions chroniques sont prolongés, ce qui exige de nouveaux types de soignants et d'organisations ; le rôle du médecin est donc transformé. Le praticien est devenu un maillon dans la longue chaîne des services de santé. La relation entre

---

[7] Hegel, *Principes de la philosophie du droit,* section 135, Paris, Gallimard, 1968, p. 166.

médecin et patient ressemble à celle qui existe entre des étrangers : elle devient anonyme.

L'infirmière est, à l'hôpital, en situation de proximité privilégiée avec le malade puisqu'elle vit de longues heures près du malade. Pour toutes sortes de raisons, historiques, administratives ou autres, elle n'utilise pas toujours cette situation professionnelle particulière pour aider à développer une véritable équipe de soins dont le malade serait un membre actif. Les médecins, pour d'autres motifs, en ont encore moins la préoccupation. Les procès nombreux qui ont cours aux États-Unis montrent bien que la confiance n'a plus cours. L'organisation médico-hospitalière isole le patient, parfois même l'aliène et se protège contre la critique potentielle du patient ou de sa famille en multipliant les actes médicaux. L'insatisfaction à l'égard de l'institution médicale conduit à affirmer l'autonomie du sujet contre le déterminisme de l'institution, le droit au refus de traitement contre l'acharnement thérapeutique, le testament de vie contre la souffrance de durer de par la volonté des autres. Pour se défendre contre l'empiètement du droit des autres, particulièrement des institutions, il ne reste plus à chacun qu'à affirmer le sien.

La reconnaissance de la responsabilité du patient dans les prises de décision qui le concernent résulte donc d'une opposition à certaines formes de pratique médicale et hospitalière. Une telle genèse rend-elle encore possible une relation thérapeutique amicale dont le dynamisme est fondée sur la reconnaissance de l'autonomie du patient ? Oui. Dans plusieurs milieux de soins de santé, la rencontre thérapeutique a épousé ce modèle qui de l'avis même de tous les participants sert les meilleurs intérêts du patient. Ce type de relation sert bien l'objectif de la rencontre clinique puisqu'il conserve le meilleur du modèle basé sur l'autonomie, c'est-à-dire le contrat entre deux êtres libres, et du modèle fondé sur la bienveillance, c'est-à-dire la préoccupation du bien-être de l'autre. Il en évite aussi les faiblesses puisque la dimension de responsabilité professionnelle est couplée à la reconnaissance de l'autonomie et celle de l'autonomie est sensible aux besoins spécifiques de la personne en cause. Un exemple peut aider à saisir les implications de ce modèle clinique qui cherche encore sa voie, c'est celui du consentement éclairé.

Le consentement éclairé

Avant toute intervention chirurgicale ou autre procédure, le patient doit signer une formule de consentement attestant sa compréhension de la nature et des implications de l'intervention. Beaucoup d'intervenants sont sceptiques sur la valeur réelle de cette signature ; des infirmières chargées d'obtenir la signature soutiennent, entre autres, que certains médecins ne se font pas bien comprendre de leurs patients puisqu'à la vieille de l'opération, ceux-ci ignorent les conséquences et les risques de la chirurgie. Cette manière d'agir de certains médecins dépend de leur interprétation de la relation à développer avec leurs patients.

Dans le cadre du modèle contractuel, le consentement éclairé prendra une tournure objective. Deux individus égaux se font face. L'un doit transmettre une information aussi objective que possible. Le médecin doit présenter les faits, mettre l'accent sur les risques, indiquer les probabilités, aider à clarifier les options. Le patient, responsable de sa propre vie, doit recevoir les informations objectives qui lui permettront de prendre les décisions qu'il croit les meilleures dans sa situation.

Le modèle fondé sur la bienveillance et qui prend souvent une forme paternaliste, met l'accent sur la responsabilité de celui qui transmet l'information. Celle-ci vise à protéger le patient contre les risques inutiles. Le jugement du médecin interprète les faits selon l'idée qu'il se fait du patient et de sa capacité à recevoir l'information ; certains faits seront mis en relief, d'autres seront escamotés. On parle d'ailleurs du privilège thérapeutique qu'a le médecin. Ce privilège consiste à ne pas informer le malade de son état si le médecin juge que cette révélation lui serait préjudiciable. La philosophie paternaliste fait porter tout le poids de la décision sur le médecin qui connaît mieux que le patient lui-même les besoins de ce dernier.

Le troisième modèle reconnaît à la rencontre clinique une dimension contractuelle bien que les deux parties ne soient pas égales dans cet échange. L'un des partenaires n'est pas libre d'entrer dans la négociation. La supériorité du professionnel lui impose des obligations particulières à l'égard de l'autre partie. Le risque du paternalisme est atténué lorsque le professionnel définit sa responsabilité en termes de service pour faciliter la capacité du partenaire à devenir autonome. L'information échangée veut renforcer le patient dans sa faculté de réfléchir et d'en venir à une décision. J.M. Gibert décrit le consentement éclairé, à l'inverse de la notion juridique du contrat soignant-soigné, «comme une démarche dynamique, accompagnant les différentes étapes de la relation soignante et visant à harmoniser les attentes des partenaires [8]». Informer le patient devient l'un des mécanismes pour surmonter l'inégalité. Dans ce contexte, le consentement éclairé retrouve son sens étymologique de décider en accord avec quelqu'un d'autre. Le patient et le médecin reconnaissent qu'ils savent et comprennent l'ensemble de la situation, autant les certitudes que les ambiguïtés, et qu'ils sont pleinement impliqués dans le processus de la décision.

---

[8] J.-M. Gibert, *Le consentement obligé*, Médecine et Hygiène, 44e année, 15 août 1986, p. 2006.

Le consentement sera d'autant plus éclairé que la communication a été appropriée à la situation des partenaires. Lorsqu'après une discussion ouverte avec son médecin et des échanges avec d'autres membres de l'équipe soignante, un malade demande qu'un traitement soit interrompu, la décision sera respectée puisqu'elle s'inscrit dans une dynamique de collaboration et non de refus. Le patient continuera à être entouré et à recevoir le soutien nécessaire de l'ensemble du personnel soignant.

La personne incapable

Le même respect peut-il être manifesté à la personne incapable de discernement? Répondre à cette question implique une double étape. D'une part, il importe de préciser les fondements de la prise de décision dans une telle situation. D'autre part, il faut déterminer qui sera chargé de prendre la décision.

Le fondement de la prise de décision doit être le meilleur intérêt de la personne malade. Il n'est pas toujours facile de préciser avec exactitude le meilleur intérêt d'une personne particulière dans sa situation concrète. Le principe du meilleur intérêt doit être fondé sur le bien du malade et non sur le bien de l'institution hospitalière, des membres de la famille ou de certains professionnels de la santé. La personne du malade n'est cependant pas isolée : tout un environnement social, familial, religieux ou autre la façonne. Pour respecter le meilleur intérêt d'une personne, il faut la considérer intégralement et adéquatement, c'est-à-dire dans la ligne d'une approche globale. Comment y parvenir? Voici quelques pistes qui peuvent y aider.

La première piste à inventorier de la part d'un soignant est celle de l'objectif à poursuivre. On peut supposer que les meilleurs intérêts du patient seront respectés si la médecine atteint ses objectifs fondamentaux qui sont de guérir, sauver une vie, maintenir en état une fonction, soulager la douleur, rétablir la santé. Si aucun de ces buts importants ne peut être réalisé, on en conclura que les interventions médicales ne servent pas le bien-être du malade. Si le seul maintien de la vie organique est possible, continuer certaines formes de traitements ne respecte pas le malade puisque ce dernier n'a plus de vie vraiment personnelle. Si l'intervention n'est d'aucune utilité pour soulager le patient, elle manque à un principe, traditionnel en médecine et universel dans sa formulation : « Ne fais pas de mal à un patient, à moins d'en attendre un bénéfice compensatoire pour lui ». Quand un traitement est dévié de son objectif et ne fait que prolonger la mort plutôt que la vie ou qu'il fait souffrir inutilement, la médecine est détournée de son sens. Hippocrate le disait lui-même dans *De l'Art* :

« Quant à la médecine, j'en vais faire la démonstration ; et d'abord, la définissant telle que je la conçois, je dis que l'objet en est, en général, d'écarter les souffrances des malades et de diminuer la violence des maladies, tout en s'abstenant de toucher à ceux chez qui le mal est le plus fort ; cas placé, comme on doit le savoir, au-dessus des ressources de l'art [9] ».

La position d'Hippocrate est devenue classique en éthique médicale. Dans une lettre du 3 octobre 1970, le cardinal Villot, secrétaire d'Etat de Paul VI, écrit que le devoir du médecin, « à la phase ultime d'une maladie terminale », n'est pas de « prolonger le plus longtemps possible, par n'importe quel moyen et dans n'importe quelles conditions, une vie qui n'est plus pleinement hu-

---

[9] Hippocrate, *De l'art,* Oeuvres complètes, t. 6, Paris, J.B. Baillière, 1849, pp. 6-7 ; voir aussi, p. 15 et 27.

maine et qui va, naturellement vers son dénouement [10] ». En mars 1976, la Conférence internationale des Ordres des Médecins des pays du Marché Commun prend position dans le même sens : « Tant qu'il existe un espoir de guérison ou d'amélioration, le médecin doit agir dans le but de guérir. A partir du moment où l'état du malade est véritablement désespéré, il est licite de s'abstenir de traitements inutiles comme des gestes de réanimation superflus ; il est tout aussi licite de mettre fin à des traitements qui ne feraient que prolonger l'agonie ou entretenir un coma dépassé [11] ».

La seconde piste à prendre est celle de la réalité même du malade. L'histoire de cette personne fournit-elle des éléments qui peuvent orienter la décision ? Si oui, le jugement substitué servira de critère à la prise de décision. Le patient a un passé. Ses opinions et les valeurs qui ont construit sa vie sont connues. Elles peuvent donc suggérer des indices à propos du choix qui serait le sien s'il était lucide. La biographie d'une personne comporte ses limites, mais elle est un meilleur critère que celui de la personne raisonnable, beaucoup plus abstrait et universel. Le critère du jugement substitué qui fait dépendre « les droits et les devoirs de la famille » « de la volonté présumée du patient inconscient [12] » oriente la prise de décision vers la reconnaissance et le respect du malade. L'idéal est donc de prendre une décision qui tente de respecter les valeurs et les comportements de la personne au nom de qui une décision doit être prise. Dans cette perspective, il faut aussi mentionner que le contexte culturel joue un rôle

---

[10] Jean Villot, *Le respect de la vie humaine, Documentation catholique,* n° 1573, 1er novembre 1970, p. 963.
[11] Cité dans Julien-François Monsallier, *Euthanasie et réanimation,* Commentaire, 17, printemps 1982, p. 104-105.
[12] Pie XII, *Problèmes médicaux,* Patrick Verspieren, « Biologie, médecine et éthique », p. 370.

important pour déterminer ce qu'implique le jugement substitué [13].

Lorsque aucune trace du passé de cette personne n'est visible, le critère de la personne raisonnable remplace celui du jugement substitué. Ainsi en est-il en situation d'urgence. Le critère de la personne raisonnable signifie que la décision sera prise en tentant de reconnaître ce qu'une personne prudente et raisonnable ferait dans une situation semblable. Si la personne retrouve sa capacité de prendre ses décisions, elle pourrait manifester son désaccord. Ce différend montre que le critère en cause dit simplement le choix possible d'une personne raisonnable en pareilles circonstances.

Quelques exemples aideront à mieux cerner le concept. Lorsque après une tentative de suicide, une personne est conduite en salle d'urgence, la décision la plus raisonnable est de traiter ce patient. Lorsqu'il reviendra à lui, peut-être reprochera-t-il à l'équipe d'avoir agi contre sa volonté ? L'équipe avait-elle le choix ? En serait-il ainsi si la personne était bien connue des soignants, avait fait clairement connaître sa volonté et n'en était pas à sa première tentative ? C'est là une autre question qui ne peut être abordée dans le cadre de ce chapitre. Enfin, il faut noter que le critère de la personne raisonnable doit être utilisé en tenant compte de certains facteurs comme l'âge et la condition du patient. La personne âgée, par exemple, définit-elle l'autonomie de façon semblable à celle de 25 ans ? Le critère de la personne raisonnable pour être équitable ne doit pas faire abstraction d'un certain contexte. Un jugement de proportionnalité s'impose ici.

Ces différents fondements qui viennent d'être présentés cherchent à promouvoir le meilleur intérêt du malade

---

[13] Patrick Verspieren, *Face à celui qui meurt,* Paris, Desclée de Brouwer, 1984, p. 42, note 3.

incapable d'exprimer sa volonté. Dans les circonstances, l'autonomie du patient demeure le point de référence pour fonder la prise de décision. Agir ainsi, en effet, c'est tenter de rejoindre le patient dans son intégrité.

Qui décide?

Au niveau de la personne qui prend la décision, plusieurs options se présentent. Ce peut être, en quelque sorte, le patient lui-même s'il a laissé un testament de vie. Aux Etats-Unis, certains Etats ont déjà une législation à cet effet. En France, en mai 1980, on a rejeté le projet de loi du sénateur Henri Caillavet qui allait dans le sens du testament de vie. Au Canada, aucune Province n'a actuellement de législation dans ce sens. La Commission de réforme du droit du Canada n'a pas retenu ce testament [14] et Pierre Baudry dans *Une sociologie du tragique* en a indiqué quelques limites [15].

Qu'une personne tienne à indiquer ses volontés lorsqu'elle ne sera plus capable d'être en charge de son traitement manifeste sans doute un manque de confiance dans les soignants en raison de la faible qualité de la relation thérapeutique. Dans notre contexte de relations entre étrangers plutôt qu'entre proches, ce testament est cependant utile pour indiquer des orientations. Il n'est pas, cependant, sans faiblesse puisque la situation qui oblige à une décision par procuration est souvent différente de celle qui avait été imaginée au moment du testament. Pour éviter les difficultés qui pourraient surgir du testa-

---

[14] Commission de réforme du droit du Canada, *Euthanasie, aide au suicide et interruption de traitement,* document de travail n 28, Ottawa, Approvisionnements et Services Canada, 1982, p. 79.

[15] Pierre Baudry, *Une sociologie du tragique,* Paris, CerfCujas, 1986, p. 148-149.

ment de vie, il est parfois proposé que la personne, au moment où elle est capable d'exprimer sa volonté, nomme un mandataire permanent pour les questions de santé [16]. De façon générale, ce genre de propositions permet de respecter avec grande justesse le point de vue du malade. Le critère du jugement substitué trouve ici un allié privilégié.

Qui doit être cette autre personne qui prendra la décision ? Différents systèmes peuvent être développés. Dans l'un, la décision serait laissée au médecin. C'était là une des options proposées par la Commission de réforme du droit dans son document de travail déjà cité [17]. L'Académie suisse des sciences médicales va aussi dans cette direction. On y lit : « Le médecin doit alors tenir compte de ce que l'on peut présumer de la volonté du patient. Les proches de celui-ci doivent être entendus, mais juridiquement la décision dernière appartient au médecin [18] ». Trois motifs sont à l'origine d'une telle position et sont tous fondés sur la situation même du médecin. D'abord celui-ci a l'expertise nécessaire pour pouvoir prendre la décision. De plus, son devoir est de protéger la vie de son patient et de ne pas le faire souffrir sans attendre un bénéfice compensatoire. Sa responsabilité est de faire passer le bien-être de son malade avant tout. Enfin, troisième raison, il a été appelé par le patient ou sa famille à jouer précisément ce rôle. Sans doute doit-il consulter d'autres collègues, particulièrement les infirmières responsables, et engager les proches dans le processus décisionnel mais la responsabilité de la décision lui revient.

Cette position est parfois refusée puisque la médecine

---

[16] Robert Steinbrook et Bernard Lo, *Decision Making for Incompetent Patients by Designated Proxy*, The New England Journal of Medicine, 310, June 14, 1984, p. 1598-1601.
[17] Commission, pp. 71-72.
[18] Académie suisse, p. 1152.

contemporaine prolonge indûment les malades en phase terminale et utilise son pouvoir à l'encontre des meilleurs intérêts du malade. S'il est vrai qu'il faut s'opposer au pouvoir quasi-divin détenu par le médecin, le refus de reconnaître son rôle essentiel n'est probablement pas la solution à ce problème de pouvoir. D'autres refusent au médecin le pouvoir de décision pour d'autres motifs. Ils soutiennent que le médecin n'est pas le mieux placé pour respecter les meilleurs intérêts du malade dans des situations où l'ensemble d'une vie est en jeu.

L'Association médicale canadienne, au contraire de l'Académie suisse des sciences médicales, reconnaît que le médecin doit s'en remettre à la personne habilitée à prendre la décision [19]. Cette position est largement partagée en Amérique. Les hôpitaux canadiens qui ont récemment développé des politiques de non réanimation exigent que les membres de la famille participent à la décision si le patient est incapable de discernement. Cette position soutient que le médecin devrait correctement informer la famille ou le mandataire de l'état du malade, des risques et des avantages d'interventions possibles. Les membres responsables de la famille ou le mandataire devront décider en tenant compte du meilleur intérêt du malade. Mais ces personnes sont-elles aptes à le faire sans développer un sentiment de culpabilité? De plus, ne risquent-elles pas parfois d'être en conflit d'intérêts?

Une autre position propose «de 'judiciariser' les mécanismes décisionnels [20]». Plusieurs systèmes ont déjà été proposés comme des comités de «sages», un protecteur du malade (ombudsman) au sein des hôpitaux, des tribunaux judiciaires ou administratifs. Ce système aurait aussi l'avantage de protéger les différentes parties qui risquent

---

[19] Association médicale canadienne, article 14.
[20] Commission, p. 72.

toutes d'être en conflits d'intérêts. Cet organisme serait
libéré de l'obsession médicale d'arracher au mourant
quelques heures supplémentaires de vie et permettrait une
plus grande objectivité dans la prise de décision, ce qui
s'avère très difficile pour la famille. Une telle procédure
protégerait efficacement la personne incapable de discernement. Ne risquerait-on pas cependant de penser toute
décision qui concerne un malade non lucide en termes de
conflit puisque ce système introduit toute décision dans le
processus judiciaire. Cela a-t-il du sens dans des situations
aussi difficiles où le consensus est particulièrement recher-
ché et nécessaire en vue de servir les meilleures intérêts du
malade ?

Les différents modèles proposés ont leurs avantages et
leurs limites. Chacun promeut des valeurs essentielles qui
doivent être respectées au moment où une décision concernant une personne incapable s'impose. Au plan éthique, la meilleure décision serait celle qui serait conjointe-
ment prise par la famille et les professionnels de la santé.
Les professionnels de la santé ont une connaissance particulière du malade. Le médecin a une connaissance spécifique et irremplaçable de la réalité clinique. Cette connaissance est partagée d'une façon unique par les infirmières
en raison de leur tâche qui implique des contacts privilé-
giés et quotidiens avec le malade. Il en va de même, dans
certaines situations, de la travailleuse sociale. L'équipe
soignante acquiert une vision du malade à laquelle la
famille n'a pas comme telle accès, sauf par la communication qu'on lui en fait. La famille, d'autre part, a une
relation privilégiée avec le malade. Chaque famille est
originale et construit sa dynamique d'une façon unique.
Elle est l'interprète privilégiée des intérêts du malade,
tout comme elle peut être émotivement incapable de faire
face à la situation difficile à laquelle elle est confrontée. Servir les meilleurs intérêts du malade exige donc une commu-

nauté d'intérêt rendue possible par le partage de l'information. Cette communication conduit normalement à développer un consensus autour de la décision à prendre. Le temps est parfois un facteur majeur dans la démarche qui conduit à la décision partagée.

Cette perspective était présente dans la déclaration de la Congrégation de la doctrine de la foi de mai 1980 sur l'euthanasie : « Les décisions appartiendront en dernier lieu à la conscience du malade ou des personnes qualifiées pour parler en son nom, ainsi qu'à celle des médecins, à la lumière des obligations morales et des différents aspects du cas [21] ».

Les situations ambiguës

Dans les pages précédentes, il a été question de la personne capable de discernement et ensuite de la personne incapable d'un tel discernement. Qu'en est-il dans les cas où la capacité est réduite, mais non complètement nulle, ou lorsque la capacité de discernement est seulement actualisée par intermittence ? Certains seront tentés d'obtenir une déclaration d'incapacité de discernement et d'obliger à une intervention à laquelle s'oppose la patiente. C'est le cas de la fille de Mme Dubuc. Dans cette situation, avant de s'en remettre à la décision de sa fille Hélène, le médecin doit d'une part tenter de saisir les motifs d'Hélène et d'autre part vérifier si la perte de lucidité de la mère n'est que provisoire. S'il s'avérait que la perte de capacité est permanente, la conversation avec la fille s'imposerait encore davantage car il n'est pas sûr que cette dernière, dans la situation présente, respecte les

---

[21] Congrégation de la doctrine de la foi, *Déclaration sur l'euthanasie,* Patrick Verspieren, « Biologie, médecine et éthique, p. 420.

meilleurs intérêts de sa mère. On doit aider Hélène à
vérifier les motifs de sa décision. De plus, le respect des
personnes âgées, lucides ou non, peut exiger que les différents intervenants ne se mêlent pas trop de leurs affaires.
Qu'est-ce que signifie le refus de Mme Dubuc ? Le médecin doit, dans un cas semblable, chercher à obtenir l'assen-
timent de la malade avant de procéder. Il devra donc
attendre quelque temps avant d'entreprendre la procédure ou, probablement mieux, la renvoyer à son médecin
de famille qui la connaît davantage que ce médecin qui la
voit pour la première fois en urgence. Telle est la solution
qui respecterait mieux la patiente puisque son refus de
subir l'intervention proposée n'est pas absolument dérai-
sonnable et le traitement n'est pas urgent. En même
temps, elle donnerait suffisamment de temps à Hélène
pour mieux cerner les motifs de sa position et mieux
accueillir la décision de sa mère. Ce comportement respecterait autant la mère que la fille sur qui repose la
qualité de vie de sa mère.

CHAPITRE 3

Abstention thérapeutique et interruption de traitement

L'histoire d'un cas

M. Ricard, âgé de 35 ans, souffre du syndrome de Gardner, une affection rare du colon. La dégénérescence maligne va en s'amplifiant constamment. Les métastases ont atteint la peau, les os et les poumons. Malgré la radiothérapie et la chirurgie, le patient demeure paraplégique.

Le malade est admis à l'hôpital en raison de l'incapacité de contrôler la douleur et de plaies de lit. Dans les premiers jours de son séjour, il ne cesse de se lamenter pour obtenir plus de morphine et crie chaque fois que l'on tente de traiter ses ulcères du décubitus. A mesure que la dose d'analgésique augmente, il devient plus calme. On traite avec succès une septicémie.

Les médecins ne s'entendent pas sur le type d'intervention à faire. Faut-il ou non inscrire au dossier «Ne pas réanimer»? Un médecin affirme que le cours de la maladie et la douleur du malade justifient d'envisager une telle option. Un autre s'oppose à la position de son collègue soutenant que le patient a une vie qui lui est signifiante. En conformité avec la politique de l'hôpital concernant la réanimation des malades en phase terminale, le patient est consulté. Ce dernier demande qu'on le prolonge encore.

Et de fait, avec de bons soins et des médicaments appropriés, M. Ricard retourne bientôt vivre chez lui avec sa femme et ses deux enfants.

Une semaine plus tard, M. Ricard doit être réadmis à l'hôpital ; il est devenu confus et anorexique. Il n'y a aucune trace d'infection et la médication est inefficace pour permettre au patient de recouvrer son état antérieur. De nouveau se pose la question de la réanimation ; cette fois ce sont les infirmières qui s'interrogent. Pour le médecin, il faut plutôt chercher la cause de cette soudaine détérioration et la traiter. Le niveau d'électrolyte, l'analyse de l'urine et le résultat de la ponction lombaire se révèlent négatifs. La radiographie des poumons n'apporte rien de neuf par rapport aux résultats antérieurs. Les antibiotiques ne changent rien à l'état du patient. Celui-ci demeure confus. Des troubles neurologiques apparaissent. La douleur est contrôlée par la morphine qui est donnée par intraveineuses. Le médecin décide alors d'écrire au dossier « Ne pas réanimer ». Douze jours plus tard, le malade décède.

Cette histoire de cas suggère de nombreuses pistes de réflexion éthique. Avant d'en aborder quelques-unes, certaines remarques préliminaires s'imposent, particulièrement à propos du vocabulaire. Dans la description du cas, l'expression « Ne pas réanimer » revient à deux occasions. En France, le mot réanimation a un sens beaucoup plus large qu'au Canada. Le Dictionnaire de médecine de Flammarion s'exprime ainsi : « Ensemble de mesures thérapeutiques, médicamenteuses ou instrumentales, destinées à pallier l'insuffisance ou l'abolition des grandes fonctions physiologiques [1] ». Il est intéressant de remarquer que dans le lexique anglais-français du même dictionnaire « intensive care » est utilisé pour traduire réani-

---

[1] *Réanimation*, Dictionnaire de médecine, Paris, Flammarion Médecine, 1975, p. 630.

mation. Au Canada, le mot réanimation est traduit par «cardio pulmonary resuscitation (CPR)». Il s'agit d'une technique pour prévenir une mort soudaine et inattendue causée par un arrêt cardio-respiratoire. La réanimation traduite par «intensive care» est beaucoup plus large. Qu'elle soit pré ou post-opératoire, elle «permet des interventions de plus en plus complexes sur le cerveau, le cœur, le poumon, le tube digestif [2]». Dans le présent chapitre, l'expression «ne pas réanimer» est utilisée dans son sens restreint, nord-américain, de ne pas entreprendre de réanimation cardio-respiratoire.

Les directives de non réanimation

Autre point à signaler. Beaucoup d'hôpitaux canadiens ont établi des directives auxquelles doivent se conformer toutes les personnes qui œuvrent au soin des malades en phase terminale. Ces directives sont, dans la plupart des cas, basées sur la «Déclaration conjointe concernant les malades en phase terminale» et approuvée en avril 1984. Voici le texte de cette déclaration.

> La présente déclaration émanant conjointement de l'Association des infirmières et infirmiers du Canada, de l'Association médicale canadienne et de l'Association des hôpitaux du Canada, a été formulée par un groupe de travail des trois organismes précités, en collaboration avec l'Association du Barreau canadien, avec le concours de représentants de l'Association catholique canadienne de la santé et la Commission de réforme du droit du Canada. Elle est fondée sur la Déclaration concernant les malades en phase terminale de l'Association médicale canadienne.

---

[2] Julien-François Monsallier, *Euthanasie et réanimation*, Commentaire n° 17, printemps 1982, p. 101.

Elle vise à fournir une ligne directrice nationale à laquelle peuvent se conformer toutes les personnes qui œuvrent au soin des malades en phase terminale. Il se peut que chaque établissement veuille par la suite émettre ses propres directives en guise de complément à la déclaration nationale.

Le progrès de la technologie médicale offre aux travailleurs de la santé des méthodes de réanimation de plus en plus perfectionnées. Bien que les interventions au moyen de ces appareils s'avèrent souvent salutaires, les professionnels de la santé s'interrogent souvent au moment de donner l'ordre de réanimer un patient, lorsqu'une telle intervention ne ferait que prolonger son agonie plutôt que de le ramener à la vie.

Il est reconnu qu'il existe des situations de maladie et de mort inévitable où la mention « ne pas réanimer », portée sur la feuille d'ordonnance et signée par le médecin traitant, est justifiée et acceptable du point de vue déontologique. Il est également reconnu que le malade a le droit d'accepter ou de refuser tout traitement.

Par conséquent, lorsqu'il s'agit du soin d'un agonisant, il y a peut-être lieu d'envisager si l'on doit ou non réanimer le patient ; en pareil cas, il faut s'en tenir au protocole suivant :

1. Critères cliniques

1.1 Si l'état du patient est tel qu'il convient d'envisager la décision par l'ordonnance écrite « ne pas réanimer », il faut évaluer l'état du patient en fonction d'un ensemble de critères cliniques.

1.2 Ces critères représentent les meilleures estimations possibles faites par le médecin responsable et, s'il y a lieu, par un second médecin, des points suivants :

1.2.1 l'irréversibilité de l'état du patient et (ou) l'irréparabilité des dommages déjà causés ;

1.2.2 la durée de survie probable du patient avec ou sans intervention ;

1.2.3 les conséquences de l'ordonnance « ne pas réanimer », soit le décès du patient plus tôt que l'a estimé le médecin.

2. Normes de procédure

Si l'évaluation clinique justifie la rédaction de l'ordonnance « ne pas réanimer », il est recommandé de s'en tenir aux normes de procédures suivantes :

2.1 Décision

2.1.1 Le médecin traitant doit évaluer la lucidité du patient ; sauf si, de toute évidence, le patient n'est pas lucide, il conviendra de demander l'opinion d'un autre médecin.

Les patients lucides ont le droit de décider de leur traitement. Si le patient le veut, les membres de sa famille peuvent aussi être consultés.

Si le patient n'est pas lucide, le(s) membre(s) responsable(s) de sa famille doi(ven)t ordinairement participer de près à la prise de décisions.

2.1.2 On doit obtenir l'opinion des personnels infirmiers qui soignent le patient ; il y a lieu parfois de solliciter aussi l'avis des autres professionnels de la santé en cause.

2.1.3 Si le médecin traitant a des doutes en ce qui concerne la décision clinique, on doit obtenir l'opinion d'un second médecin. (Certaines circonstances comme le manque de temps ou la non-disponibilité d'un autre médecin, peuvent parfois empêcher d'obtenir une seconde opinion).

2.1.4 L'ordonnance « ne pas réanimer » doit être dûment inscrite dans le dossier du patient.

2.2 Mise en application

2.2.1 Le résultat des entretiens avec le patient et sa famille , ainsi qu'avec les personnels hospitaliers, doit être consigné au dossier médical, avec mention de leurs vues. Les médecins consultés doivent aussi indiquer leur opinion comme note du consultant.

2.2.2 Les personnels soignants qui s'occupent du traitement du patient doivent être informés de la décision et des raisons la motivant.

2.2.3 Le médecin traitant et les personnels infirmiers doivent revoir l'ordonnance « ne pas réanimer » aux intervalles appropriés.

2.2.4 Toute requête de la part du patient d'annuler l'ordonnance « ne pas réanimer » doit être respectée sur-le-champ.

2.2.5 S'il survient des changements inattendus dans l'état du patient, un(e) infirmière(infirmier) ou un autre médecin peut suspendre l'ordonnance jusqu'à ce que l'état du patient puisse être évalué de nouveau par le médecin traitant.

3. Soin du patient

On doit prodiguer en tout temps les soins palliatifs visant à assurer le confort mental et physique du patient.

Les différentes positions

Le cas de M. Ricard illustre quelques-uns des problèmes auxquels sont confrontés les professionnels de la santé lorsqu'ils envisagent la décision de ne pas réanimer un patient. Ils doivent d'abord déterminer l'utilité de l'intervention en fonction de critères cliniques. Une telle décision n'est cependant pas facile à prendre, compte tenu des désaccords possibles entre les personnes impliquées. Dans l'histoire de M. Ricard, la notion de qualité de vie fait problème. Les trois personnes mentionnées n'ont pas la même vision de la qualité de vie. Il y a aussi désaccord entre les médecins sur le cours de la maladie. Pour le premier médecin, puisque le cancer et la paraplégie ne peuvent être guéris, il y a situation d'irréversibilité suffisante pour envisager une non réanimation. Le second médecin, sans doute plus sensible à l'ensemble de la situation de son malade (âge relativement jeune, responsabilités familiales, etc), met de l'avant d'autres dimensions, comme celle de contrôler la douleur.

On comprend, dans ce contexte où les jugements de valeurs ne sont pas exclus, combien le rôle du patient lucide est décisif. Le cas l'illustre très bien. D'autre part, les soignants se sentent parfois mal à l'aise d'aborder la question avec leurs patients. Toutes sortes de raisons sont apportées pour s'opposer aux directives qui statuent que « les patients lucides ont le droit de décider de leur traitement ». Les malades perdraient espoir et confiance, leur qualité de vie en serait grandement diminuée. La perspective paternaliste qui a déjà été abordée est effectivement présente dans ces dernières positions. Dans le cas qui nous occupe, cette question ne fait pas problème puisque le patient a été consulté. A son retour à l'hôpital, alors que le malade est confus, les membres de la famille qui devraient participer activement à la prise de décision ne sont cependant pas mentionnés. Pourquoi ce silence ?

Les personnels infirmiers ont un rôle à jouer lorsqu'est considérée une ordonnance de non réanimation. Ce rôle soulève parfois des difficultés. Lors du premier séjour de M. Ricard à l'hôpital, les infirmières directement impliquées dans les soins du patient ne semblent pas avoir été consultées quand on a discuté de la possibilité de ne pas réanimer. Lors du deuxième séjour, elles interviennent non pas parce qu'elles sont consultées, mais parce qu'elles prennent l'initiative de la démarche.

Cette démarche des infirmières est exemplaire des motifs qui conduisent les hôpitaux à se doter de ces directives. Un peu d'histoire s'avère ici utile. Par peur de poursuites judiciaires et par incapacité ou refus de dialoguer avec le malade sur ces questions, beaucoup de médecins qui étaient d'accord avec l'ordonnance de ne pas réanimer refusaient de l'inscrire au dossier. Ils ordonnaient cependant aux personnels infirmiers de ne pas réanimer ou de se hâter « lentement » lorsqu'on appellerait d'urgence pour une réanimation. Les infirmières portaient donc effectivement le poids d'une responsabilité médicale pour laquelle elles n'ont pas l'autorité. Elles protégeaient faussement l'irresponsabilité médicale. Ce bref rappel historique permet de comprendre pourquoi les directives canadiennes sont le fruit d'un travail conjoint des associations nationales d'infirmières, de médecins et d'hôpitaux.

Ces directives, pour positives qu'elles soient, ne sont pas sans soulever des difficultés concernant les soins à offrir à certains malades. Deux difficultés particulières se posent. La première concerne l'interprétation populaire, même dans les milieux de santé, de l'expression « ne pas réanimer ». La seconde concerne les limitations qui sont posées à la réanimation cardio-respiratoire et qui pourraient aller à l'encontre même de son objectif.

Dans certains milieux hospitaliers et dans le public, l'expression « ne pas réanimer » est devenue synonyme d'arrêt de traitement. Ce glissement de sens peut s'expliquer assez facilement puisque le contexte dans lequel se prend une décision de ne pas réanimer est celui de la phase terminale. Les soignants, dans ces circonstances, se questionnent sur les limites et les bienfaits de différentes interventions thérapeutiques. L'ordonnance de « ne pas réanimer » ayant été à l'origine même des discussions contemporaines concernant l'arrêt de traitement et l'acharnement thérapeutique, il est normal qu'elle véhicule plus que son sens technique de réanimation cardio-respiratoire. A travers l'ordonnance passent tous les malaises et les dilemmes concernant les soins à offrir aux personnes en phase terminale. La conséquence en est souvent que les personnels infirmiers sont confus à propos des implications d'une telle ordonnance. Les médecins donnent des sens différents à l'ordonnance, ce qui explique le très large écart dans les soins offerts aux malades dont le dossier indique « ne pas réanimer ». L'expression « ne pas réanimer » doit être spécifiée davantage de manière à bien préciser les implications de la décision de limiter les traitements.

La seconde difficulté soulevée par les directives de certains hôpitaux est celle des limitations imposées par une telle politique. Prendre celle-ci au sérieux signifie réanimer chaque personne qui fait un arrêt cardiaque et pour laquelle aucune ordonance n'a été écrite. Cela paraît aller contre l'objectif même de la réanimation cardio-respiratoire et la responsabilité médicale dans certaines circonstances. La réanimation cardio-respiratoire a comme objectif de prévenir une mort soudaine et inattendue ; elle ne doit pas être utilisée lorsque la maladie terminale est irréversible et que la mort n'est pas inattendue. Si un patient, dans une situation terminale irréversible, venait à faire un arrêt cardiaque imprévu, il faudrait le réanimer. Cela peut ne pas être dans son intérêt mais est rendu nécessaire en raison des directives de l'hôpital. Le médecin ne peut utiliser ici son jugement clinique ; il doit obéir à la politique.

Malgré leurs limites, ces directives sont excellentes pour permettre d'améliorer la relation thérapeutique entre le malade et le médecin à un moment extrêmement délicat et difficile. Elles obligent le médecin à préciser les meilleures mesures à prendre avant même que le problème se pose. Le rôle du médecin est, en même temps, spécifié : il est le premier responsable des soins à offrir au malade. En plus, ces directives mettent l'accent sur la consultation entre le médecin et le malade ou sa famille de même qu'avec les autres membres de l'équipe soignante. Le rôle de chaque partenaire étant clarifié, la qualité des soins offerts aux personnes malades ne peut qu'en profiter.

L'interruption de traitement

La non réanimation n'est qu'un exemple des problèmes éthiques que pose l'interruption de traitement ou l'abstention thérapeutique dans notre contexte hospitalier, tech-

nologique et bureaucratique. Après avoir présenté ce problème particulier, je voudrais maintenant élargir le débat
à l'ensemble des questions posées par l'arrêt de traitement
et l'abstention thérapeutique. Quelques mots d'abord
pour préciser le vocabulaire.

L'interruption de traitement est l'expression utilisée par
la Commission de réforme du droit du Canada pour rendre compte de ces situations où le traitement optimal du
patient n'est plus de lutter pour maintenir une vie purement végétative ou clinique, mais de laisser la mort se
produire [3]. Il s'agit donc du fait « de retirer un traitement
à un patient ». A l'arrêt de traitement, on peut joindre
l'abstention thérapeutique. Dans ce dernier cas, il s'agit
d'une décision de ne pas entreprendre un traitement en
raison de la situation du malade ou à sa demande même.
Que l'on considère l'abstention thérapeutique ou l'interruption de traitement, la décision est fondée sur le même
motif, un traitement spécifique à visée curative n'apparaît
pas servir les meilleurs intérêts du malade. Dans le sens
utilisé ici, on peut penser à l'absence de réanimation cardio-respiratoire, la discontinuation d'antibiotiques, la cessation de chimiothérapie ou l'abstention de mesures thérapeutiques visant à pallier l'abolition des grandes fonctions physiologiques. Deux points sont volontairement exclus de l'expression ; l'interruption de nourriture et d'hydratation et les mesures palliatives visant à assurer le
confort physique, psychologique et spirituel du malade.
Ces deux questions seront abordées dans des chapitres
ultérieurs.

---

[3] Commission de réforme du droit du Canada, *Euthanasie, aide au suicide et interruption de traitement,* Document de travail 28, Ottawa, 1982, p. 64.

Moyens ordinaires et extraordinaires

Au plan éthique, le point de départ de la réflexion concernant l'arrêt ou l'abstention de traitement est souvent la distinction classique entre moyens ordinaires et extraordinaires. Pie XII a lancé l'expression dans la communauté médicale contemporaine et l'a rendue à ce point populaire qu'elle a été adoptée, en 1974, par l'Association médicale américaine qui regroupe l'ensemble des médecins des États-Unis. Pie XII disait en 1957 que le devoir que l'homme a «envers lui-même, envers Dieu, envers la communauté humaine, et le plus souvent envers certaines personnes déterminées... n'oblige habituellement qu'à l'emploi de moyens ordinaires (suivant les circonstances de personnes, de lieux, d'époques, de culture), c'est-à-dire de moyens qui n'imposent aucune charge extraordinaire pour soi-même ou pour un autre[4]». Pour l'Association médicale américaine, «l'arrêt de moyens extraordinaires pour prolonger la vie corporelle quand il y a une évidence irréfutable de l'imminence de la mort biologique, relève du patient et/ou de sa famille immédiate[5]». La distinction a comme conséquence de rendre obligatoire le traitement ordinaire et optionnel le traitement extraordinaire.

Aujourd'hui la distinction crée problème. En 1980, la Congrégation de la Doctrine de la foi reconnaissait la difficulté en affirmant que «naguère les moralistes répondaient qu'on n'est jamais obligé d'employer les moyens 'extraordinaires'. Cette réponse, toujours valable en principe, est peut-être moins éclairante aujourd'hui, en raison

---

[4] Pie XII, *Problèmes médicaux et moraux de la réanimation*, Patrick Verspieren, dir., «Biologie, médecine et éthique», Paris, Le Centurion, 1987, p. 368.

[5] Cette position de l'«American Medical Association» a été adoptée à son congrès de 1974 et publiée dans Journal of the American Medical Association, 227, 1974, p. 728.

de l'imprécision du terme et de l'évolution rapide de la thérapeutique [6]». La Congrégation, comme d'autres instances de réflexion, nous invite donc à pousser plus avant la réflexion, dans le domaine. Si la distinction a été populaire, c'est que sans doute elle répondait à un certain nombre de préoccupations. Analyser ces préoccupations et la réponse qu'on a tenté d'y donner peut aider à cerner les conditions qui rendent possible l'abstention ou l'arrêt de traitement.

L'origine de la distinction

En proposant la distinction, Pie XII ne la crée pas lui-même, il l'emprunte à deux théologiens espagnols du 16ᵉ siècle, Soto et Banez. Lorsque ces théologiens proposent la distinction, la médecine est primitive, l'antisepsie inexistante et l'anesthésie inconnue. Cette dernière ne viendra qu'au 19ᵉ siècle. Dans ce contexte, toute intervention chirurgicale est créatrice de souffrances insupportables et son résultat aléatoire, compte tenu de l'impuissance à combattre l'infection. Comment exiger de quelqu'un de se soumettre à de telles pratiques ? Seule est requise l'obligation de se soumettre à des interventions dont le risque est minimal et la douleur négligeable ou ordinaire. Comme le fait remarquer le célèbre moraliste américain Paul Ramsay, l'expression moyen extraordinaire signifie à l'origine un traitement qui a de graves inconvénients pour le malade, même si une vie signifiante peut être encore prolongée. Il ne s'agit donc nécessairement pas de gens à l'article de la mort comme l'expression en viendra à le signifier [7].

---

[6] Congrégation de la doctrine de la foi, *Déclaration sur l'euthanasie,* Patrick Verspieren, p. 420.

[7] Paul Ramsay, *Ethics at the Edges of Life,* New Haven, Con., Yale University Press, 1978, p. 155.

Les inconvénients peuvent être le coût, la nécessité de se déplacer, le risque que le traitement fait courir, etc. Pie XII définira le moyen extraordinaire en disant «qu'une obligation plus sévère serait trop lourde pour la plupart des hommes et rendrait trop difficile l'acquisition de biens supérieurs plus importants [8]». Dans ce sens, la distinction permet d'évaluer un traitement en relation avec les bienfaits et les limites pour le patient.

L'interprétation de la distinction telle qu'elle s'est développée doit être critiquée. L'accent porte, en effet, sur le moyen en lui-même sans qu'il y ait relation avec la situation particulière du malade. On dira, par exemple, que la réanimation cardio-respiratoire est un moyen extraordinaire, donc qu'elle est optionnelle, et que la nourriture, fût-elle par intraveineuse, tube nasogastrique ou cathéter central, est un moyen ordinaire, donc obligatoire. La mécanique prend le pas sur le sens de l'intervention. Dans ce sens, la distinction risque de ne pas servir les meilleurs intérêts du malade puisqu'elle ne tient pas compte de la personne en situation, dimension tout à fait centrale dans la position de Pie XII. Pour retrouver le sens originel de la distinction, d'autres expressions ont été suggérées. La Congrégation de la doctrine de la foi dans le document déjà cité propose de «parler de moyens proportionnés et disproportionnés». Elle ajoute : «De toute manière, on appréciera les moyens en mettant en rapport le genre de thérapeutique à utiliser, son degré de complexité ou de risque, son coût, les possiblités de son emploi, avec le résultat qu'on peut en attendre, compte tenu de l'état du malade et de ses ressources physiques et morales [9]». La Congrégation, en proposant un autre langage, renvoie au sens originel de la distinction, c'est-à-dire à la situation du

---

[8] Patrick Verspieren, p. 368.
[9] Patrick Verspieren, p. 420.

malade à partir de laquelle la décision d'utiliser des moyens thérapeutiques doit être prise. La priorité est le malade, non le moyen, c'est-à-dire ce qui est approprié dans sa situation.

Le médecin devant la mort

Lorsqu'un médecin ou un autre membre de l'équipe soignante soulève la question de l'abstention ou de l'arrêt de traitement, on se trouve habituellement en face d'une situation extrêmement pénible. Peut-on encore quelque chose pour favoriser chez ce malade une vie humaine digne de ce nom ? Les savoirs et les habiletés que la biomédecine s'est donnés pour prolonger la vie ou vaincre la mort sont mis en échec. Dans ce sens, la médecine moderne est blessée dans son honneur. Permettre à la mort de suivre son cours peut apparaître au médecin comme une défaite personnelle.

Poser la question de l'abstention ou de l'interruption de traitement, c'est donc d'abord poser la question de la relation du médecin à la mort. Devant l'inutilité ou l'échec d'un traitement qui vise à redonner la santé ou tout au moins restaurer une fonction, qu'est-ce qui guide l'action du médecin ? Sa propre incertitude devant la mort qu'il essaie de taire ? Le désir de respecter son patient dans sa réalité profonde ? Un conflit intérieur inconscient entre les deux ? Il faut bien reconnaître, que comme toute autre personne, un médecin est influencé par ses valeurs personnelles et ses motivations inconscientes. Sans doute une société doit-elle respecter le refus du médecin d'agir contre son code personnel de déontologie, mais, d'autre part, le professionnel doit être sensible au fait que l'affirmation de ses valeurs peut être une manière élégante bien qu'inconsciente de cacher sa peur de la mort.

Poser la question de l'abstention ou l'arrêt de traitement, c'est aussi poser la question du sens que le médecin donne à la technologie médicale. Des techniques de chirurgie, radiothérapie ou chimiothérapie doivent-elles être utilisées simplement parce qu'elle sont disponibles ? Quels sont les buts d'une intervention technique ? Dans un contexte culturel où la technique est devenue indépendante, autonome... et tyrannique, l'homme n'a plus le choix. Il doit se soumettre au règne de la technique, selon la thèse de Jacques Ellul [10]. Et comme le note Gilbert Hottois, nos visions anthropologiques sont impuissantes à réduire la technique à son rôle d'instrument au service de l'homme [11]. La médecine est donc au cœur du débat contemporain sur la relation entre technologie et éthique. La liberté et la responsabilité des professionnels de la santé sont-elles encore possibles dans un système technicien ? [12] Cette question est d'autant plus fondamentale que, couplé au refus médical de la mort, le technocosme (Hottois) va exiger de prolonger, de quelques heures supplémentaires, parfois même avec violence, une vie biologique.

Enfin, poser la question de l'abstention ou de l'interruption de traitement, c'est poser la question des attitudes profondes du médecin à l'égard d'un malade pour lequel la mort plus ou moins rapide est désormais partie intégrale de sa vie. Les traitements vigoureux n'étant plus utiles, quel type de soins doit-on prodiguer à ce malade ? Faut-il aider la mort à se hâter ? Doit-on offrir à ce malade les soins ordinaires, c'est-à-dire attention, nourriture ? Y a-t-il des limites en raison de la situation même du malade ou

---

[10] Jacques Ellul *La Technique ou l'enjeu du siècle,* Paris, Armand Colin, 1954, pp. 121-122.

[11] Gilbert Hottois, *Le Signe et la technique. La philosophie à l'épreuve de la technique,* Paris, Aubier, 1984.

[12] Jacques Ellul, *Le système technicien,* Paris, Clamann-Levy, 1977, p. 162.

des coûts impliqués ? Quelle est, dans ces circonstances, la tâche de la médecine ?

Songer à interrompre certains traitements ou ne pas les entreprendre ne démontre donc pas uniquement un manque de savoir-faire, c'est aussi mettre en cause le sens même de la pratique médicale dans un contexte technique. Lorsque vient le moment de prendre une décision dans une situation particulière, ces questions fondamentales que j'ai soulevées sont toujours présentes même si elle sont inconscientes. Ces conditions préalables étant posées, il est maintenant possible de discuter des situations dans lesquelles il est moralement justifiable d'interrompre certains traitements ou de ne pas les entreprendre.

Indications d'arrêt de traitement

A la lecture de la littérature médicale actuelle se dégagent certains modèles d'arrêt de traitement. Dans les unités de soins intensifs, il est possible de dessiner le portrait-type du patient pour qui on considère une ordonnance de non réanimation. Le patient est dans la plupart des cas, âgé et a eu plusieurs troubles de santé avant son hospitalisation. Cette personne est admise aux soins intensifs parce qu'elle est sérieusement malade et qu'elle a fait un choc septique, un arrêt cardiaque ou une hémorragie cérébrale. A son arrivée, elle reçoit un traitement vigoureux, mais comme sa condition ne s'améliore pas, une ordonnance de ne pas réanimer est donc envisagée. Pour un patient qui a fait un arrêt cardiaque ou une hémorragie cérébrale, l'ordonnance de ne pas réanimer sera considérée dès le premier ou deuxième jour de l'arrivée à l'unité des soins intensifs. Pour un autre type de diagnostic, la décision sera prise plus tardivement. Ce portrait-type est le résultat d'une recherche portant sur 7265 admissions à l'unité des soins intensifs de 13 hôpitaux américains [13].

D'autres études faites dans des contextes différents dressent des portraits quelque peu divergents puisqu'il y aurait des variations majeures dans les maladies des patients que l'on envisage de réanimer ou de ne pas réanimer. Ainsi les patients atteints de cancer seraient plus rapidement candidats à une ordonnance de non réanimation que les patients atteints de maladies coronariennes chez qui on tentera la réanimation. De plus, les patients pour lesquels la non réanimation sera ordonnée seront plus âgés que ceux que l'on va réanimer [14].

Ces études sont intéressantes parce qu'elles montrent que dans les milieux hospitaliers les responsables deviennent de plus en plus attentifs aux types de patients aptes à bénéficier ou non d'un tel traitement. D'autre part, de telles recherches d'ordre statistique comportent des risques, dont celui d'imposer des modèles de comportement fondés sur des préjugés, des habitudes plutôt que sur des réalités cliniques. Ainsi en serait-il si l'âge devenait un facteur déterminant dans la prise de décision.

Dans un contexte où de plus en plus de personnes âgées sont prolongées avec une ou des conditions chroniques, souvent dans des institutions qui ne permettent pas une grande qualité de vie et avec parfois de lourds coûts sociaux, on pourrait être tenté de faire de l'âge un critère à l'origine de l'ordonnance de ne pas réanimer ou de refus d'autres traitements. Ainsi en est-il en Grande-Bretagne à propos de l'hémodyalise. Craignant qu'une personne âgée

---

[13] Jack E. Zimmerman et autres, *The Use and Implications of Do Not Resuscitate Orders in Intensive Care Units,* The Journal of the American Medical Association, 255, January 17, 1986, p. 355.

[14] Suzanna E. Bedell et autres, *Do-Not-Resuscitate orders for Critically Ill Patients in the Hospital,* The Journal of the American Medical Association, 256, July 11, 1986, p. 236.

qui fait un arrêt cardiaque ne retrouve une vie de qualité
ou ne demeure dans un état végétatif permanent si elle
était réanimée, plusieurs médecins sont tentés de ne pas
réanimer une telle personne. La plupart des recherches
montrent cependant que l'âge n'est pas un critère déterminant dans le succès ou l'échec de la réanimation. Certains études canadiennes faites à Toronto démontrent
clairement que certains patients de 80 ans et plus vont
bénéficier de soins intensifs pour des problèmes cardiaques et pulmonaires aigus. Ils vont en bénéficier autant
que des personnes plus jeunes dont l'état général est plus
avarié que le leur. D'autres critères doivent être retenus
dont l'état général de santé avant l'arrêt cardiaque. La
pratique apprend donc que la réanimation cardio-respiratoire va servir le malade âgé qui est généralement en
bonne santé, relativement indépendant et sur qui les efforts de réanimation sont entrepris rapidement. Lorsque
les personnes âgées ont de multiples problèmes médicaux,
la réanimation cardio-respiratoire n'apparaît pas être indiquée [15].

Les différentes recherches pour établir des modèles de
décision concernant l'abstention de traitement posent, en
fait, la question des critères à utiliser pour servir les meilleurs intérêts du malade. Ici, à nouveau, nous sommes
renvoyés aux objectifs de la médecine dont il a déjà été
question au chapitre premier. Lorsqu'en raison de la pau-
vreté du pronostic, le traitement ne peut arrêter une maladie terminale irréversible où la mort n'est pas inattendue,
commencer ou poursuivre un traitement agressif, comme
une chimiothérapie ou mettre un patient sous respirateur,
ne ferait que prolonger le mourir de cette personne.

---

[15] Michael Gordon et Eric Hurowitz, *Cardiopulmonary Resuscitation
of the Elderly,* Journal of the American Geriatrics Society, 32, December
1984, pp. 930-934.

Quand aucun traitement ne paraît devoir améliorer la condition d'un malade dont l'état est irréversible, le médecin qui se fonde alors sur des critères cliniques est responsable d'envisager l'interruption de certains traitements ou de ne pas les commencer. Agir à l'inverse irait à l'encontre de la tâche médicale puisque ce serait un mauvais usage du savoir médical et des ressources qui doivent être correctement utilisées.

Le fondement de la décision médicale de s'abstenir ou d'interrompre un traitement est celui de son efficacité dans les circonstances. Mais de quelle efficacité s'agit-il? D'une efficacité à long terme ou à court terme? D'une efficacité certaine ou probable? D'une efficacité objective ou subjective? Ces diverses questions doivent être posées puisque de leur réponse dépend l'acharnement thérapeutique, l'abandon du patient ou la reconnaissance de la situation du malade et des soins qui en dépendent.

Certains médecins plus sensibles à l'organe malade qu'à la personne dans sa totalité n'agiront qu'en fonction du court terme, oubliant la dynamique même de la maladie. Lorsque le médecin discute avec le malade d'une intervention qu'il lui propose, il doit être sensible à cette dimension. Comment l'intervention se situe-t-elle dans le cheminement total de la maladie? De même en est-il de l'efficacité probable ou certaine d'un traitement. Le médecin est responsable de chercher à préciser l'efficacité du traitement proposé. Il doit le faire en se basant sur l'état de la science médicale, sa propre expérience et la consultation de collègues. Quant à l'efficacité du traitement pour ce malade, il faut garder l'esprit que l'évaluation du bénéfice procuré par un traitement inclut des dimensions autant objectives que subjectives. Objectivement parlant, le médecin doit évaluer l'état du malade avant le traitement et le comparer à ce qu'il en adviendrait selon que le traitement est entrepris ou interrompu. Subjectivement parlant, le médecin doit chercher à établir si le traitement, l'abstention ou l'interruption respecte les valeurs personnelles du malade et son sens de l'existence. Le dialogue entre le médecin et le malade ou sa famille demeure, dans un tel contexte, une exigence éthique comme il en a été longuement question au chapitre précédent.

La qualité de la vie

Pour un médecin, s'abstenir de traiter ou interrompre un traitement se fonde donc sur des critères cliniques en vue de respecter les meilleurs intérêts du malade. Le jugement ne découle pas d'abord du critère de la qualité de la vie, même s'il est impossible d'en faire totalement abstraction, d'autant plus que l'objectif même de la médecine est de promouvoir la qualité de la vie. En effet, le respect des valeurs du patient et les développements biomédicaux qui permettent de prolonger la vie presque indéfiniment obligent à prendre en considération le critère de la qualité de la vie comme un élément dans les facteurs de prise de décision. Ce critère ne doit cependant pas être décisif dans l'évaluation clinique qui conduira à la décision du médecin.

Dans plusieurs milieux hospitaliers et autres, l'expression qualité de vie est de plus en plus utilisée pour décrire une existence humaine digne d'être vécue et à partir de laquelle on jugera de l'utilité et du sens d'une intervention. L'expression est imprécise et vague à souhait, chaque personne définissant d'une façon extrêmement individuelle sa vision de la qualité de vie. Plusieurs interprétations existent qui conduisent à de multiples applications, souvent opposées les unes aux autres. L'adolescent de dix-sept ans ne véhicule pas la même image de la qualité de la vie que la personne de cinquante ans ou de quatre-vingts.

Les joies et les échecs de la vie sont interprétés de façon bien différente.

Quand il s'agit du malade capable d'exprimer sa volonté, la qualité de vie est susceptible d'être un facteur déterminant dans la décision de cette personne de continuer ou pas un traitement. L'expression devient beaucoup plus suspecte et difficile de maniement responsable lorsque le jugement de la qualité de la vie d'une personne est construit à partir de l'évaluation subjective d'un observateur. Tellement d'erreurs sont possibles. Même dans les cas de fonctionnement intellectuel diminué, on sait tellement peu de choses de ce qui se passe effectivement qu'il y a toujours risque de se fourvoyer. Il ne faudrait pas, de plus, perdre de vue que par nature l'humanité donne peu de chance à ceux qui sont blessés par la vie, les handicapés, les malades les faibles. Le respect du malade exige que le critère de la qualité de la vie soit manié avec beaucoup de prudence dans le cas des personnes incapables d'exprimer leur volonté.

Certains commentateurs diront d'un malade qui souffre de plusieurs anomalies physiques ou intellectuelles qu'il a une pauvre qualité de vie. L'expression a un sens différent si le malade est en état d'extrême débilité physique et a une absence totale d'activité intellectuelle. La qualité de vie est ici en deçà d'un seuil considéré minimal. Dans les deux cas, la même qualification n'a pas le même sens et invite à des comportements différents. Pour plusieurs commentateurs, ce n'est que dans cette seconde hypothèse qu'il est acceptable de faire de la qualité de la vie un critère déterminant, mais alors le cours de la maladie est irréversible et la médecine ne peut plus rien pour cette personne [16]. La qualité de la vie est donc un critère délicat

---

[16] Albert Jonsen et autres, *Clinical Ethics,* New York, Mac Millan Publishing Co. Inc., 1982, pp. 114-124 ; David Thomasma, *Freedom, Dependency, and the Care of the Very Old,* The Journal of the American Geriatrics Society 32, December 1984, p. 910.

à manier et ne prend son sens que s'il sert les meilleurs intérêts du malade, c'est-à-dire s'il rejoint les objectifs même de la médecine.

Rejoindre la réalité du malade

Lorsqu'un médecin considère la possibilité de cesser un traitement ou ne voit pas l'utilité de le commencer, comment doit-il procéder ? Le chapitre précédent a posé les principes en distinguant le malade capable du malade incapable. Comme telle, la question ne sera pas reprise ici, sauf pour mentionner qu'en général les patients ne semblent guère impliqués dans le processus [17]. Pour un médecin, la tâche est ardue de discuter avec un malade d'une situation qui met en cause sa vie tout en ne détruisant pas tout espoir. La communication devient ici un art pour lequel le médecin n'a pas de préparation particulière. Une approche d'équipe est particulièrement nécessaire. Elle permet, d'une part, de mieux établir la décision en raison de la richesse des points de vue différents ; d'autre part, elle seule permet de soutenir le malade en de pareils moments.

Le travail d'équipe dans sa modalité interdisciplinaire exige de tous les intervenants de se définir d'abord par rapport à la réalité du malade plutôt que par rapport à leur spécialité respective. Dans un tel contexte où les infirmières sont particulièrement prises au sérieux en raison de leur proximité du patient et de leurs objectifs infirmiers spécifiques, différents des objectifs médicaux , une écoute attentive et réelle de la personne malade devient possible. L'abstention thérapeutique ou l'interruption de traitement ne signifie pas abandon. Au contraire, une présence active se poursuit où tous les intervenants cherchent à assurer le confort physique, psychologique et spirituel du malade.

_____

[17] Suzanne E. Bedell, p. 237.

CHAPITRE 4

Les critères de détermination
de la mort

La détermination de la mort soulève beaucoup d'inquiétudes et de dilemmes tant dans les milieux spécialisés que profanes. Un esprit logique aurait sans doute abordé une réflexion sur la mort par sa définition et la critériologie de sa détermination. Si cette thématique est abordée en milieu de présentation, c'est que la question éthique fondamentale concerne d'abord l'attitude à développer à l'égard des personnes en phase terminale. Les critères de détermination de la mort, pour importants qu'ils soient, intéressent l'éthique en fonction de leurs implications pour la qualité des soins à offrir aux malades. Ce chapitre se situe donc dans la foulée de l'abstention thérapeutique et de l'interruption de traitement.

L'histoire d'un cas

Monsieur Lepage, âgé de 62 ans, est marié et père de trois enfants, tous mariés. Depuis plusieurs années, il souffre de diabète. Il a déjà fait un infarctus et une hémorragie cérébrale. La seule séquelle qui lui soit restée est une légère hémiplégie. A la suite de cet accident, il n'a jamais repris le travail ; son épouse travaille comme serveuse dans un restaurant tout en continuant à en prendre grand soin.

Il y a quelques jours, Monsieur Lepage a été conduit d'urgence au Centre hospitalier régional. Diagnostic : hémorragie du tronc cérébral. Il est complètement paralysé. Il a été aussitôt intubé afin de permettre l'oxygénation. Les analyses de laboratoire, l'électrocardiogramme (ECG), les rayons-X pulmonaires ont été faits sur le champ. L'électrœncéphalogramme (EEG) n'a pas été pris dès le début puisque c'est samedi. Il faut donc attendre au lundi.

L'état du malade est demeuré stable durant la fin de semaine. On a donc procédé à l'EEG le lundi. Quelques ondes d'activités cérébrales peuvent se lire sur le tracé. Le résultat est incertain. Du mardi au vendredi, on prend un EEG tous les jours : aucune onde cérébrale n'apparaît. Le médecin et le personnel infirmier voudraient mettre un terme à l'ensemble des manœuvres de soutien devenues tout à fait inutiles. Ce patient est considéré mort.

L'épouse du malade qui passe tout son temps au chevet de son compagnon de vie refuse que le respirateur et autres instruments soient arrêtés. Le médecin lui explique avec précision et dans un langage accessible le non-sens de la présente situation. Il lui fait voir que pour le personnel médical et infirmier, il est nécessaire que le respirateur soit discontinué. Madame Lepage affirme que son mari est toujours vivant. Sa cage thoracique se soulève comme quelqu'un qui respire, le cardioscope montre le battement régulier de son cœur. Elle le voit bouger dans son lit et même aider les soignants lors des changements de position et des manipulations d'entretien.

Le médecin demande au personnel infirmier de continuer leur travail à l'égard du malade jusqu'au lundi suivant où sera prise la décision d'arrêter toute manœuvre même si cela allait à l'encontre de la volonté expresse de l'épouse. Au cours du week-end, Mme Le page rencontre à nouveau le médecin ; elle ne comprend toujours pas. Le

lundi, on arrête de corriger les déficits électrolytiques san-
guins et gazeux. Le jour suivant, avec l'accord de Mme
Lepage, on arrête le respirateur. A l'autopsie qui fut exé-
cutée trois à quatre heures après la mort, on note que le
cerveau était devenu liquide.

Pour Mme Lepage, fidèle en cela à la tradition, les
critères de détermination de la mort sont l'arrêt de la
respiration et des battements cardiaques. Elle aurait donc
raison de refuser de considérer son mari mort. Pour la
biomédecine qui requiert un moyen précis et opérationnel
pour définir la mort clinique, la cessation irréversible de
l'ensemble des fonctions cérébrales est devenue le critère
déterminant de la mort même si le cœur et la respiration
continuent artificiellement à fonctionner. On peut donc
comprendre l'incompréhension de certaines personnes.

La détermination de la mort hier et aujourd'hui

Quand on aborde la question des critères de détermination de la mort dans une perspective historique, une première remarque s'impose. Pendant de longs siècles, des
rumeurs sinistres ont circulé évoquant ces «morts» que
l'on enterrait vivants. Les critères étaient donc peu précis.
«A certaines époques, bien des hommes ont craint d'être
enterrés avant même d'être morts et de subir l'effroyable
asphyxie du vivant muré à l'intérieur de son tombeau [1]».
Au 18e siècle, Mme Necker, femme du ministre de Louis
XVI, avait remarqué que dans leur hâte à dégager un lit
pour un nouveau malade, les infirmiers enterraient parfois

---

[1] Patrick Verspieren, *Face à celui qui meurt,* Paris, Desclée de Brouwer, 1984, p. 73.

le malade précédent avant qu'il fût tout à fait mort [2]».
Elle écrivit même un *Traité des inhumations précipitées.*
Les craintes ne sont donc pas sans fondement particulièrement en temps d'épidémie. En vue d'éviter la contagion,
les «morts» sont enterrés avec beaucoup d'empresse-
ment. C'est pourquoi il est apparu important de bien
distinguer entre la mort apparente et la mort réelle.

A partir du 18ᵉ siècle, le développement scientifique
aidant, la médecine établit des signes qui permettent de
vérifier médicalement la mort. Celle-ci entre donc dans le
domaine de la science. C'est Marie François Xavier Bichat
qui, parmi les premiers, mena des études physiologiques
pour tenter de déterminer la réalité de la mort. Les victimes de la guillotine durant la Révolution française lui
servirent de matériel d'étude [3]. Pour Bichat, l'organisme
mourait s'il y avait arrêt cardiaque, arrêt respiratoire ou
cessation de l'activité cérébrale. Bichat ne fut pas le seul à
mener de telles recherches. Les ouvrages du 18ᵉ et du 19ᵉ
siècles sont très nombreux à ce propos. Toute crainte ne
disparaît pas pour autant. On raconte que vers la fin du
19ᵉ siècle, le comte Karrice-Karnicki de Berlin inventa un
cercueil qui permettait au cadavre de communiquer avec
l'extérieur si jamais la personne avait été déclarée morte
par erreur. Un système de drapeaux et de cloches averti-
rait l'extérieur advenant une reprise de conscience. «De
fait, le problème fut si bien étudié que les critères cliniques de la mort établis à l'époque sont fondamentalement
les mêmes que ceux qu'utilisent encore les médecins d'au-

---

[2] Robert Naquet et Geneviève Arfel, *La mort cérébrale,* La Recherche, 7, Mars 1976, p.206.
[3] Marie François Xavier Bichat, *Recherches physiologiques sur la vie et
la mort,* Paris, Gabon et cie, 1800 et réédité chez Marabout Université,
251 p.

jourd'hui, à tout le moins dans la pratique courante et pour les cas ordinaires [4]».

Il y a environ trente ans cette belle assurance établie depuis le 18e siècle a été mise en cause. Les progrès technologiques ont transformé la réalité même de la mort. D'une part, l'introduction des techniques de réanimation oblige à réévaluer les critères de détermination de la mort. Une personne qui fait un arrêt cardiaque peut être réanimée ; elle n'est donc vraiment pas morte selon les critères classiques. Et celle dont les poumons respirent et le cœur bat grâce à des appareils de soutien peut être cliniquement morte ; elle n'aurait de la vie que les apparences comme dans le cas de M. Lepage. D'autre part, le développement des transplantations d'organes fait surgir de nouvelles questions à propos de la détermination de la mort. Comment se procurer des organes qui soient en bon état de vie sans mettre fin aux jours du donneur ? Le donneur en tant qu'entité doit être mort mais ses organes doivent être vivants. Pour ce faire, des appareils de soutien doivent assurer la fonction cardiaque bien que la personne ait été déclarée cérébralement morte. En 1968, un comité de l'Ecole de médecine de Harvard publiait les premiers critères rigoureux à propos de la mort cérébrale [5]. Ces critères allaient faire autorité.

---

[4] Marcel Marcotte, *La mort cette inconnue,* Montréal, Bellarmin, 1977, p.17.

[5] Ad hoc committee of the Harvard Medical School to Examine the Definition of Brain Death, *A Definition of Irreversible Coma,* Journal of the American Medical Association, 205 (1968), pp. 337-340. On trouvera une traduction française partielle et une présentation de ce document dans Commission de réforme du droit du Canada, *Les critères de détermination de la mort,* Document de travail 23, Ottawa, sans date, p. 10-11.

La mort cérébrale

La question de la mort cérébrale et de ses implications avait été posée dès 1959. Ce sont des médecins français qui furent les premiers à identifier un état qu'ils appelèrent coma dépassé. Tous les éléments de ce qui allait devenir la mort cérébrale étaient présents : le cerveau est mort, mais la respiration et la circulation continuent de même que la vie des viscères, étant entretenues par des moyens artificiels. Cette survie d'un être qui présente les signes de la mort fut initialement décrite par Mollaret et Goulon qui parlèrent de « coma dépassé » [6]. D'autres médecins français qui publièrent sur le sujet à la même époque préférèrent, non sans raison, utiliser l'expression « mort du système nerveux » [7]. Dès le départ le vocabulaire fit problème. En effet, comment définir une mort qui tout en étant réelle n'apparaît pas vraie ? Les situations décrites par ces médecins réanimateurs posèrent des questions auxquelles ils n'avaient jamais été confrontés. Les positions qu'ils prirent alors sont identiques à celles prises par Mme Lepage. Leur éthique de réanimateurs les conduisait « à la poursuite des manœuvres de réanimation jusqu'à l'arrêt cardiaque définitif [6] ».

Le développement de la technologie médicale change donc la critériologie de la mort. Dans certains cas, la constatation de la mort est devenue beaucoup plus compliquée. Pour mieux comprendre cette situation, quelques mots s'imposent pour décrire ce qui se passe lorsque cesse, chez l'adulte, la circulation sanguine au cerveau. Je suis ici la description donnée dans le document *Les critères de*

---

[6] P. Mollaret et M. Goulon, *Le coma dépassé,* mémoire préliminaire, Revue neurologique, 101, 1959, p. 3-15.

[7] P. Wertheimer, M. Jouvet et J.A. Descotes, *A propos du diagnostic de la mort du système nerveux dans les comas avec arrêt respiratoire traités par la respiration artificielle,* Presse médicale, 67, 1959, p. 87-88.

détermination de la mort préparé par la Commission de réforme du droit du Canada [8]. Lorsque se produit une absence de circulation sanguine au niveau du cerveau, une personne peut être réanimée sans en subir de conséquence si l'arrêt a duré environ quatre minutes. Au delà de cette limite, sauf situations exceptionnelles, «le cerveau humain commence à subir un dommage permanent et irréversible» puisque les cellules du cerveau ne peuvent se regénérer. Si l'arrêt dure entre huit et dix minutes, le cortex cérébral qui dans les connaissances actuelles est considéré comme le siège de la conscience est atteint à un point tel que l'individu ne reprendra pas connaissance. La communication avec l'extérieur n'est plus possible même si les fonctions cardiaque et pulmonaire autonomes sont encore actives. «La nécrose du cortex entraîne un état désigné sous le nom de syndrome appallique («cerebral death») qui correspond à la perte et à la disparition définitive de la conscience et des manifestations courantes de la vie personnelle». Dans les quinze à dix-huit minutes qui suivent l'arrêt de la circulation sanguine au niveau du cerveau, le tronc cérébral qui est le siège des fonctions végétatives va à son tour se nécroser entraînant la fin des activités cardiaque et respiratoire. Les réflexes cérébraux sont abolis. «On décrit l'état de la personne comme étant une mort cérébrale («brain death») ou un coma dépassé». C'est la cessation permente des fonctions végétatives.

Dans le cas du syndrome appallique, la cause du dommage cérébral cessant, le cœur et les poumons continuent à fonctionner normalement, la pression artérielle et la température du corps se maintiendront sans moyens artificiels puisque le tronc cérébral est resté intact. L'individu, cependant, «ne pourra plus jamais sortir de son coma, sa

---

[8] Commission de réforme, document de travail 23, p. 4.

vie relationnelle étant terminée de façon définitive».
C'est pourquoi, comme le souligne Patrick Verspieren,
certains préfèrent parler alors de «coma irréversible» [9].
Le cas le plus célèbre est celui de Karen Ann Quinlan.

Dans le cas de la mort cérébrale, seule une stimulation
extérieure permettra l'activité des fonctions cardiaque et
respiratoire. Dans cette situation, il est possible d'entretenir indéfiniment la respiration d'une manière artificielle.
C'est la situation de M. Lepage ; pendant une semaine, il
aurait été un cadavre que l'on aurait fait respirer. L'expression «coma dépassé» n'est peut-être pas la plus appropriée pour décrire la mort cérébrale. En effet, le
«coma dépassé» n'est pas un coma puisqu'ici l'ensemble
du système nerveux central est détruit et avec lui toute
régulation des organes entre eux [9]. Le «coma dépassé»
signifie le décès d'une personne.

Les critères de détermination

L'idée de la mort cérébrale paraît bien acceptée par la
médecine actuelle. Les discussions récentes ont davantage
porté sur les critères et les techniques à utiliser pour
mesurer la cessation irréversible de l'ensemble des fonctions cérébrales. Aux Etats-Unis, les grands organismes
nationaux comme l'Association du barreau, l'Association
médicale américaine et bien d'autres se sont entendus
pour proposer à tous les Etats américains un modèle uni-
forme de détermination de la mort :

> Un individu qui connaît ou (1) une cessation irréversible
> des fonctions circulatoire et respiratoire ou (2) une cessa-
> tion irréversible de l'ensemble des fonctions de tout le

---

[9] Patrick Verspieren, pp. 76-78.

cerveau, y compris le tronc cérébral, est mort. La détermination de la mort doit être faite selon les normes médicales reconnues [10].

La Commission de réforme du droit du Canada, dans son rapport sur les critères de détermination de la mort remis au Gouvernement canadien, tient une position presque semblable.

(1) Une personne décède au moment où elle subit une cessation irréversible de l'ensemble de ses fonctions cérébrales.

(2) La cessation irréversible des fonctions cérébrales peut être constatée à partir de l'absence prolongée de fonctions circulatoire et respiratoire spontanées.

(3) Lorsque l'utilisation de mécanismes de soutien rend impossible la constatation de l'absence prolongée des fonctions circulatoire et respiratoire spontanées, la cessation irréversible des fonctions cérébrales peut être constatée par tout moyen reconnu par les normes de la pratique médicale courante [11].

Non seulement y a-t-il un accord grandissant pour reconnaître la réalité de la mort cérébrale définie comme la mort du tronc cérébral, mais aussi pour accepter la critériologie de sa détermination. Certaines méthodes de détermination peuvent même être utilisées au lit du malade. Les critères de Harvard mentionnaient, entre autres, que l'abolition de l'activité électrique cérébrale devait être attestée par l'enregistrement électroencéphalographique.

---

[10] Report of the medical consultants on the diagnosis of death to the President's commission for the study of Ethical Problems in Medicine and Biomedical and Behavioral Research. *Guidelines for the Determination of Death,* Journal of the American Medical Association, 246, November 13, 1981, p. 2184.

[11] Commission de réforme du droit du Canada, *Les critères de détermination de la mort,* rapport 15, Ottawa, 1982, pp. 31-33.

Aujourd'hui, l'EEG n'apparaît plus nécessaire, sauf en certaines circonstances ; d'autres signes cliniques permettent d'en venir à une conclusion semblable [10]. L'expérience et des connaissances plus approfondies permettent de proposer des critères améliorés lorsque comparés à ceux de Harvard. Les méthodes pour déterminer l'arrêt irréversible des fonctions cérébrales ont donc changé et vont continuer à évoluer compte tenu des progrès de la recherche et de la technologie.

La reconnaissance de la mort cérébrale comme signe de la mort du sujet humain pose plusieurs problèmes d'ordre philosophique et éthique. Trois seront maintenant abordés. Un premier consiste dans le risque d'identifier les critères de détermination de la mort avec la définition de la mort elle-même. Un second est de l'ordre de l'interrogation : pourquoi ne pas reconnaître le coma irréversible comme le véritable signe de la mort humaine ? Enfin, la question des implications éthiques de cette reconnaissance de la mort cérébrale.

Déterminer la mort n'est pas la définir

Déterminer les critères de la mort n'est pas la définir. Cette distinction s'impose même s'il y a un lien entre les critères techniques qui permettent de déclarer qu'une personne est morte et le concept philosophique qui définit la réalité de la mort. Les progrès dans le domaine de la réanimation et de la transplantation exigent une modalité précise d'opération pour déterminer le moment de la mort clinique. Mais le concept de mort se situe à un autre niveau que celui des critères et des moyens de détermination. Dans ce sens, le vocabulaire utilisé par le groupe de Harvard risque de tromper puisqu'il parle de définition de « la mort cérébrale » et « de coma irréversible » alors qu'il aurait été plus précis de parler de définition des critères. Peut-être le langage du groupe de Harvard tient-il au fait que ce sont des scientifiques qui s'expriment et non des philosophes. Pour le scientifique, une définition est d'abord opérationnelle, elle ne spécifie pas la substance d'une réalité comme dans le cas du philosophe.

Ce que les critères de Harvard définissent, ce sont les mesures à utiliser pour déterminer qu'un individu humain est mort. Faire de cette définition d'opération une définition formelle de la mort humaine, c'est perdre de vue sa dimension essentielle : la mort humaine est une transformation définitive et radicale de la personne qui perd les caractères humains qui la spécifiaient. Lorsque l'arrêt des battements cardiaques servait de mesure pour vérifier la mort de quelqu'un, ce critère ne servait pas de définition de la mort mais bien de signe. Celui-ci indiquait que le flux des liquides vitaux, comme le sang par exemple, avait cessé. Pour un grand nombre de personnes héritières de la philosophie aristotélicienne, cela signifiait que l'âme s'était séparée du corps. Beaucoup de chrétiens définissent ainsi la mort. Mais comme le remarque Karl Rahner, cela est encore de l'ordre de la description plutôt que de la définition puisque la formule ne dit rien de ce qui advient à l'être humain comme être total et personne spirituelle [12].

La mort cérébrale telle que déterminée par la médecine moderne est cependant indicatrice de la réalité de la mort humaine. Elle affirme qu'il y a mort humaine lorsqu'il y a perte irréversible de la capacité d'intégration corporelle. Il y a là toute une vision philosophique de la personne. Sans l'activité de tout le cerveau, tronc cérébral et cortex, il n'y a ni intégration de l'environnement corporel (tronc céré-

---

[12] Karl Rahner, *Pour la théologie de la mort,* Ecrits théologiques, tome III, Paris, Desclée de Brouwer, 1963, pp. 113-121.

bral) ni de l'environnement social (cortex). La réalité de la personne est d'être un tout intégré, conscient et inconscient. La mort se produit lorsque l'intégrité n'est plus.

Faire de la mort cérébrale la définition de la mort humaine n'est pas sans risques dont l'un est d'imposer une vision particulière de la mort. On sait que malgré les nombreuses discussions récentes sur les critères de détermination de la mort, il n'y a pas accord unanime sur une définition formelle de la mort [13]. On va donc mesurer la perte de quelque chose dont on ne connaît pas exactement la nature essentielle. D'où le risque d'imposer sa propre vision. Une analyse récente de propos que tenait en 1970 Henry K. Beecher, le président du Comité de Harvard, est à ce propos éclairante. « La position de Beecher est particulièrement intéressante en raison d'une certitude implicite que l'esprit et le cerveau sont identiques. ' Nous avons la preuve, écrit-il, que puisque les fonctions mentales existent seulement dans le cerveau, (l'homme)... n'existe plus comme personne ; il est mort ' [14] ». Tous n'ont pas cette vision « moniste » où le cerveau est identique à l'esprit. D'autres ont une perspective « dualiste » ; ici la mort du cerveau n'implique pas nécessairement la mort de l'esprit.

On voit donc l'importance de bien différencier la définition philosophique de la mort de la définition d'opération de la mort cérébrale i.e. des critères de détermination de la mort. Lorsque cette distinction est bien posée, il faut reconnaître que le moment de détermination de la mort n'appartient ni à la philosophie ni à la théologie, mais bien à la science médicale. Il est intéressant de voir que dans les années 1950, au moment où naissent les premières discus-

---

[13] Dallas M. High, *Death, definition and determination of : Conceptual Foundations : III : Philosophical and Theological Foundations,* Encyclopedia of Biœthics, T.1, New York, The Free Press, 1978, pp. 301-307.
[14] Allen P. Fertziger, *The mind, the brain and the moment of death,* Humane Medicine, 3, November 1987, p. 100.

sions sur le coma « dépassé » et « irréversible », Pie XII affirme qu'« il appartient au médecin, et particulièrement à l'anesthésiologue de donner une définition claire et précise de la mort et du moment de la mort d'un patient qui décède en état d'inconscience [15] ».

Mort du cerveau ou mort de la personne ?

Les prises de position publiques récentes comme celle de la Commission de réforme du droit du Canada affirme que le décès de la personne se fait au moment de la mort cérébrale. Dans ses commentaires, la Commission explique le choix des mots « cessation de l'ensemble des fonctions cérébrales » par sa volonté explicite de « bien séparer la mort cérébrale (brain death) de la mort du cortex (cerebral death) [16] ». La même préoccupation se retrouve chez les Américains.

Depuis la fin des années 1960, des voix se sont élevées pour affirmer que la position fondée sur la mort cérébrale ne respecte pas la réalité de la mort du sujet humain. Patrick Verspieren a bien résumé la problématique. En effet, si « la conscience et la vie de relation sont essentielles à la définition même de la personne humaine », il faudrait donc affirmer que « celui qui en est *définitivement privé* est mort comme sujet humain [17] ». Effectivement lorsque l'on essaie de déterminer ce qui fait la spécificité essentielle de la réalité humaine, on se rend compte que les différentes fonctions qui expriment cette humanité sont d'une façon ou d'une autre liées au cerveau supérieur

---

[15] Pie XII, *Problèmes médicaux et moraux de la « réanimation »*, La Documentation catholique, 22 décembre 1957, n 1267, c. 1610.

[16] Commission de réforme du droit, rapport 15, p. 32.

[17] Patrick Verspieren, p. 78.

ou cortex : sentir, aimer, choisir. Les grandes fonctions
d'intégration corporelle n'appartiennent pas en propre à
l'être humain, elles sont communes à l'animal. La conscience et la vie de relation sont caractéristiques de la
personne humaine. Le langage populaire parlera d'ailleurs
d'un « légume » pour exprimer l'état de coma irréversible.
C'est l'état végétatif permanent. Comment alors parler
d'une personne humaine, puisque celle-ci a perdu ses
dimensions essentielles. « Ses organes ont beau continuer
de fonctionner, il a probablement cessé d'exister, lui, en
tant que personne humaine [18] ». Un cœur bat, des poumons respirent, mais où est la personne ?

Robert Veatch qui a été l'un des principaux protagonis-
tes de cette position prend soin de noter qu'il ne s'agit pas
de porter un jugement quantitatif ou qualitatif concernant
la capacité d'intégration sociale ou de conscience. « Les
concepts de vie et de mort sont essentiellement bipolaires,
ils marquent un seuil. Ou on a la vie ou on ne l'a pas [19] ».
Veatch est aussi conscient des risques d'une telle position
puisqu'il sera encore plus difficile de déterminer avec une
précision sans faille quand le cortex est irréversiblement
détruit et non temporairement arrêté. Ne connaît-on pas
de ces cas extraordinaires de retour à la conscience ? De
plus ne sera-t-on pas bientôt conduit à affirmer que le
dément sénile n'a ni conscience ni capacité de réelle inter-
action sociale ? La pente glissante fera passer d'une définition clinique à une autre de nature psycho-sociale.

Si la position de Robert Veatch avait été la politique de
la communauté soignante de l'Etat du New Jersey, Karen
Ann Quinlan qui a survécu dix ans à l'arrêt du respirateur
aurait été considérée durant toutes ces années comme un

---

[18] Marcel Marcotte, p. 49.
[19] Robert M. Veatch, *Death, dying, and the biological revolution*, Yale
University Press, New Haven, 1976, p. 40.

cadavre. L'opinion publique bien que consciente des difficultés soulevées par le prolongement de certains malades en coma irréversible n'est sûrement pas disposée à aller dans la direction de Veatch. C'est pourquoi, les corps publics ne sont pas prêts à «proposer un ensemble de critères de détermination de la mort fondés uniquement sur la mort du cortex [20]».

Implications éthiques

Le cas de M. Lepage s'est produit il y a presque dix ans maintenant. La réaction de Mme Lepage serait peut-être différente aujourd'hui ; ce n'est cependant pas assuré. En effet lorsque approche la mort d'un des siens, les familles font face à des difficultés particulières et le processus de deuil s'oriente vers des conduites non toujours cohérentes. Faut-il alors continuer les manœuvres pour permettre à la famille de faire son deuil, et jusqu'où ? Voilà une première question éthique que pose la mort cérébrale ? En d'autres termes, quelle est la responsabilité des soignants à l'égard d'un patient qui a été déclaré mort cérébralement ?

Puisque la mort cérébrale est assurément la mort de la personne, celle-ci est devenue un cadavre malgré les apparences contraires lorsque des appareils de soutien sont utilisés. Continuer les manœuvres, sauf d'une façon temporaire, ne respecterait donc pas la réalité de cet être. Quatre raisons doivent être ici mentionnées. Assurer la respiration et les battements cardiaques, c'est manquer à la vérité de la mort et développer un processus de déni. Les familles vivent, parfois, ce déni et exigent la continuation des manœuvres. Même si, en des circonstances aussi

---

[20] Commission de réforme du droit, rapport 15, p. 18.

tragiques, l'équipe soignante ne doit pas abandonner les proches, elle doit en venir à cesser le soutien extérieur le plus rapidement possible. En pareils cas, l'information technique même la mieux transmise n'est pas toujours suffisante pour aider la famille à faire face à l'inéluctable. Un travailleur social ou une autre personne de l'équipe est peut-être plus habilité qu'un médecin pour accompagner les proches et les aider à se dégager de leur déni. Communication et accompagnement sont donc ici essentiels. A court terme, il faut cependant arrêter les manœuvres.

Le respect du personnel infirmier est une seconde raison pour arrêter rapidement les manœuvres de soutien. On peut, en effet, facilement comprendre l'effet dommageable qu'a sur un personnel infirmier hautement qualifié la continuation des soins à un cadavre. Dans le cas de M. Lepage, le médecin doit demander au personnel un effort supplémentaire et négocier avec lui une date pour mettre fin aux manœuvres. Une crise justifiée était en train de naître. Lorsque d'autre part un médecin, après discussion avec les membres de l'équipe décide de prolonger de quelques heures des interventions extérieures de soutien pour permettre à la famille d'intéger la perte d'un être cher, le personnel infirmier coopère d'une façon tout à fait admirable.

Parmi les autres motifs qui amènent le personnel à critiquer d'inutiles manœuvres de prolongement, deux doivent être mentionnés ; ils sont la troisième et la quatrième raisons déjà annoncées. En continuant un soutien extérieur injustifié, les ressources de la communauté sont mal utilisées. Des personnes malades pourraient profiter des facilités existantes et de la compétence du personnel. Des services de santé auxquels elles ont droit leur sont injustement refusés. Une quatrième raison s'intègre à la précédente : le coût de ces manœuvres est élevé. Particulièrement à une époque où les ressources sont limitées et un contrôle des coûts nécessaire pour répondre aux besoins nombreux de la population, il importe de faire la meilleure utilisation de nos potentialités.

Le progrès des connaissances et la reconnaissance de la mort cérébrale conduisent à prendre des positions opposées à celles des premiers réanimateurs comme Mollaret et Goulon qui, en 1959, affirmaient que leur éthique exigeait «la poursuite des manœuvres de réanimation jusqu'à l'arrêt cardiaque définitif [6]». Le respect du réel invite aujourd'hui à une position inverse.

Une seconde implication éthique concerne le coma irréversible ou syndrome appallique. La question peut être ainsi posée : lorsque le processus de détérioration du cortex est irréversible, faut-il laisser mourir le sujet ? Cette question a été au cœur du cas Karen Ann Quinlan. Cette jeune américaine du New Jersey, qui avait sombré dans un coma profond par suite d'une absorption de barbituriques et d'alcool, fut mise sous respirateur pendant de longs mois. Elle n'était pas cérébralement morte, le néo-cortex était irrémédiablement détruit. Lorsque ses parents, à la suite d'un long procès, obtinrent la permission de débrancher le respirateur, la respiration continua de manière spontanée. Elle vécut ainsi, nourrie par intubation, pendant presque dix ans. Ce cas est exemplaire de milliers de cas semblables qui peuplent nos hôpitaux. Que faire dans ces cas frontières entre la vie et la mort ? Quels soins offrir ? Quelle responsabilité avons-nous à leur égard ? Ici, nous sommes renvoyés au chapitre précédent concernant l'abstention thérapeutique et l'interruption de traitement. Une autre question se pose qui aujourd'hui prend une ampleur considérable : faut-il nourrir et hydrater ces patients ? Ce thème fera l'objet du prochain chapitre.

CHAPITRE 5

Abstention et interruption
de soutien nutritif

L'histoire d'un cas

Mme Angèle Dupré habite depuis huit ans dans un centre
d'accueil pour personnes agées. Elle est veuve et agée de
82 ans. Il y a trois ans, des difficultés de santé ont commencé à l'assaillir. Elle montre régulièrement des signes
de défaillances cardiaques, elle a même fait un infarctus.
De plus, son cerveau se détériore de sorte qu'elle perd de
ses habiletés mentales et devient de plus en plus désorien-
tée. Elle a fait des épisodes de thrombophlébite. Ses deux
filles et leur petite famille la visitent régulièrement. Avant
l'apparition de ses problèmes de santé, Mme Dupré était
une femme fière, active et attachait le plus grand prix à la
vie familiale. De fait, elle est toujours très heureuse de
revoir sa famille.

Un jour, un préposé à l'entretien la trouve étendue
inconsciente dans sa chambre. Elle est aussitôt transportée
à l'hôpital où l'on diagnostique une embolie massive. Pendant les premiers jours, son état reste stationnaire ; elle
demeure confuse et incapable de s'exprimer verbalement.
Elle réagit cependant aux stimulis de la douleur et parfois,
d'une façon positive, à certains gestes que l'on pose à son
égard.

Pour nourrir Mme Duprès, le médecin responsable ,
avec l'accord de la famille, propose d'insérer un tube
nasogastrique dans l'estomac de la patiente. A chaque
tentative d'installer l'instrument, la malade réagit violem-
ment et repousse le tube. On la restreint pour pouvoir
réussir l'intervention. Le résultat n'est pas meilleur car
aussitôt libérée, elle arrache le tube. De plus, on ne peut
après plusieurs jours trouver les sites nécessaires pour
continuer les intraveineuses. Que faire ?

Le médecin et les infirmières discutent entre eux de la
situation. Il n'y a pas accord parmi les membres de
l'équipe, chacun et chacune faisant valoir la limite de
chaque solution avancée. Le médecin décide alors
d'aborder franchement la question avec les membres de la
famille. Soignants et proches se mettent d'accord pour
arrêter tout système de soutien nutritif, tout en continuant
cependant d'offrir, par voie orale, du liquide à la malade.
Une semaine plus tard, Mme Dupré meurt paisiblement
sans aucun signe de déshydratation.

En prenant la décision de ne pas utiliser des moyens
artificiels pour nourrir Mme Dupré, sa famille et son
médecin n'ont-ils pas manqué à un devoir humain fondamental ? Non seulement donner à manger à ceux qui ont
faim et à boire à ceux qui ont soif est-il considéré comme
l'acte premier de responsabilité et de réciprocité à l'égard
d'autrui, mais de plus n'est-il pas le geste le plus naturel de
reconnaissance d'humanité et de fidélité quand la guérison n'apparaît plus possible et le soutien plus nécessaire
que jamais ? Le développement des techniques nouvelles
de soutien nutritif entre dans cette longue histoire de souci
humain où la médecine cherche à restaurer la santé et
aider la personne souffrante. Les exemples de bienfaits de
ces techniques sont trop nombreux pour qu'il faille ici y
insister. Ces modes d'alimentation, cependant, ne sont pas
sans parfois poser des problèmes humains graves comme
l'illustre l'exemple de Mme Dupré. Une condamnation

trop rapide de la décision prise par la famille et le médecin ne respecterait sans doute pas la complexité de la situation.

Les méthodes d'hydratation et d'alimentation artificielles n'apparaissent pas, dans tous les cas, rendre service à la personne malade. Qu'il suffise de citer quelques exemples pour montrer qu'il n'est pas toujours possible d'atteindre l'objectif visé. Que l'on pense ici au malade souffrant d'une insuffisance cardiaque sévère et qui développe un cancer de l'estomac avec une fistule qui fait passer directement la nourriture de l'estomac au colon. Celle-ci ne passe pas par l'intestin et n'est donc à peu près pas absorbée. D'autre part nourrir par intraveineuses est contre-indiqué puisque le cœur très affaibli ne le tolérerait pas. Il en va de même de l'enfant dont la majeure partie de l'intestin est nécrosée. Même si l'enfant peut être nourri, presque rien ne sera absorbé. Il est possible d'utiliser le procédé de l'intraveineuse mais pour un court temps seulement, en raison des complications qui, après avoir été cause de thromboses, d'hémorragies, d'infections et de malnutrition, entraîneront finalement la mort.

Si, dans certaines situations, il est possible d'atteindre l'objectif du soutien nutritif, d'autres intérêts du malade cependant en souffriront. L'anencéphalique et le malade en état de coma irréversible en sont des exemples. Il n'y a pas ici de consensus social pour arrêter de nourrir le patient. Karen Ann Quinlan a été nourrie et hydratée pendant de longues années. Cependant, comme le notent Joanne Lynn et James F. Childress que nous avons suivis jusqu'ici dans les exemples donnés, il y a des cas où la famille et les soignants en viennent à la conclusion que continuer d'alimenter artificiellement le malade ne le respecte pas. « Dans de pareils cas, il n'apparaît pas y avoir de raison adéquate pour soutenir que l'arrêt d'alimentation s'opposerait aux responsabilités que les parties concernées et la société en général ont à l'égard des patients qui seront pour toujours inconscients [1] ». Mme Dupré entrerait dans cette catégorie.

Une troisième série de situations doit être mentionnée. Il s'agit de celles où nourrir certains malades les fait davantage souffrir que s'en abstenir. Cette troisième série vaut d'ailleurs autant pour l'alimentation artificielle que naturelle. Chez certains cancéreux en phase terminale, la nourriture est cause de nausées et de vomissements. Des malades qui reçoivent du soutien nutritif meurent moins confortablement que d'autres qui n'en reçoivent pas. L'expérience de plusieurs soignants témoigne que la déshydratation qui se produit en phase terminale ne cause pas de souffrance au malade même conscient, si l'on prend bien soin de protéger la bouche contre l'assèchement. Ces situations invitent à la prudence dans le vocabulaire à utiliser. Ainsi, il est probablement important de distinguer entre la malnutrition et la déshydratation, qui sont réelles chez le malade, et le sentiment de faim et de soif que certains malades n'expérimentent pas malgré leur mauvais état d'alimentation.

Ces situations montrent que l'acte de nourrir un malade ne sert pas nécessairement ses meilleurs intérêts. Faut-il alors ne pas nourrir ? Si oui, ces malades ne mourront-ils pas d'avoir été privés de nourriture, c'est-à-dire de famine ? S'ils sont privés de soutien nutritif, les malades en état de coma irréversible, comme les jeunes accidentés de la route, ne seront plus prolongés de longues années comme c'est le cas maintenant. Le pouvoir médical ne sert-il pas alors à abréger la vie ? Le développement des techniques de soutien nutritif pose donc des questions

---

[1] Joanne Lynn et James F. Childress, *Must Patients Always Be Given Food and Water ?*, Hastings Center Report, 13, october 1983, p. 17-21.

exigeantes concernant un des devoirs humains les plus fondamentaux.

Au cours des prochaines pages, il sera d'abord question du contexte qui explique pourquoi l'usage ou l'abstention des techniques de soutien nutritif fait l'objet de débats passionnés dans certains milieux hospitaliers. Du contexte, nous passerons à la question de base qui est maintenant soulevée en tentant de la préciser avec le plus grand soin. L'abstention ou l'interruption de soutien nutritif a-t-il du sens dans une optique de respect des meilleurs intérêts du malade ? Dans une troisième partie, il sera question des conditions dont il faut tenir compte lorsqu'est abordée la possibilité de s'abstenir de donner un soutien nutritif.

Le contexte de la question

Nourrir ou ne pas nourrir un malade mourant, non mourant mais comateux ou profondément confus, est une question qui ne paraissait pas se poser il y a à peine quinze ans. Il n'en va plus ainsi maintenant. On serait porté à penser que cet intérêt nouveau qui commence avec les années 1980 est dû au fait que se sont récemment développées de nouvelles technologies qui permettent l'alimentation et l'hydratation d'un patient : intraveineuse, tube nasogastrique, cathéter central, etc. Cela n'est que partiellement vrai puisqu'un certain nombre de ces techniques existent depuis un bon nombre d'années. Des infusions intraveineuses ont sauvé des victimes du choléra en 1831 [2]. Et depuis, ces techniques se sont constamment

---

[2] Richard J. Duma, *Thomas Latta, What Have We Done? The Hazards of Intravenous Therapy,* The New England Journal of Medicine, 294, 1976, p. 1178-1180.

développées devenant de plus en plus efficaces pour répondre à différentes situations. En particulier depuis la fin de la seconde guerre mondiale, les progrès ont été remarquables.

Pourquoi attendre le début des années 1980 pour poser la question de l'abstention de nourriture ? Certains seront tentés de dire que la question est un autre exemple des tendances euthanasiques de la société contemporaine. N'est-ce pas là une méthode élégante de se débarrasser de ces grands moribonds qui s'attachent opiniâtrement à la vie malgré leur profonde débilité ? De plus, la prise de conscience récente concernant l'escalade des coûts dans le domaine des soins de santé et la nécessité de les contrôler sont identifiées à un motif d'abandon de la personne malade en la privant de nourriture. Dans ces deux derniers cas, la pression sociale et les coûts économiques seraient des éléments déterminants dans l'origine de la question, plus importants que l'intérêt du patient. Certaines personnes utilisent sans doute de tels arguments pour fonder leur position. Une autre raison tout aussi importante doit être mentionnée : certains prolongements paraissent absurdes. On ne prolonge de la vie que les apparences. Cette raison est sans doute fondamentale pour expliquer l'origine de la question actuelle.

Dans un contexte où il est possible de prolonger comme à l'infini de plus en plus de personnes dont la vie est à peine minimale, les techniques d'alimentation et d'hydratation se comparent aux autres techniques de réanimation et de prolongation de la vie. De fait, aux Etats-Unis plusieurs citoyens, médecins, professionnels de la santé et spécialistes en éthique, considérant que l'alimentation et l'hydratation artificielles sont tout à fait comparables aux autres techniques de prolongation, sont allés devant les tribunaux pour faire valoir leurs positions. Ces cas ont alors attiré l'attention des médias qui leur ont donné une place considérable. Le débat public était ainsi lancé. De plus, en même temps, *la commission présidentielle pour l'étude des problèmes éthiques en médecine et en recherche biomédicale et comportementale* abordait franchement la question [3]. Cette commission suggérait, en 1982, qu'il n'était pas toujours nécessaire de continuer à nourrir artificiellement des patients non mourants dont la perte de conscience est irréversible.

Le débat dans son ensemble est donc nouveau bien que certaines discussions aient déjà eu lieu dans les années 1950. Des auteurs classiques en morale catholique reconnaissent, à l'époque, qu'il est acceptable de cesser d'utiliser des moyens d'hydratation et d'alimentation artificielles dans le cas de coma irréversible où ces moyens ne feront que prolonger le processus de mourir, ou dans des situations où ces techniques deviendront un moyen permanent de soutenir la vie. Ces moralistes reconnaissent que si le sérum intra-veineux est un moyen ordinaire, donc obligatoire, il devient extraordinaire dans les cas « où manque à peu près tout espoir d'amélioration notable ou de notable prolongation d'une vie consciente. Le tout est à juger moralement, en tenant compte de bien des circonstances [4] ».

Les fondements de la question

Poser la question de l'abstention ou de l'interruption de soutien nutritif n'est pas sans soulever de nombreuses

---

[3] President's Commission for the study of ethical problems in medicine and biomedical and behavioral research, *Deciding to Forego Life-sustaining Treatment,* Washington, D.C., Government Printing Office, 1982, p. 190.

[4] Jules Paquin, *Médecine et morale,* Montréal, Comité des Hôpitaux du Québec, 1960, p. 416.

inquiétudes. J'y ai déjà fait allusion quand j'ai mentionné la possibilité d'ouvrir la porte de l'euthanasie à certaines catégories de malades. De plus, c'est tout le sens de l'aide et de l'amour que nous devons manifester aux plus mal pris qui est en cause. N'est-ce pas une forme d'abandon de personnes au moment même où elles ont le plus grand besoin du soutien de la collectivité ? Enfin, notre tendance naturelle à être discriminatoire à l'égard des handicapés et des faibles ne fait qu'accroître l'inquiétude de plusieurs devant la proposition d'arrêter de nourrir un malade ou de s'en abstenir. Cette inquiétude est d'autant plus grande que la pente glissante n'est jamais loin. Ainsi nous pourrions commencer avec quelques cas exceptionnels et passer à une politique généralisée qui priverait de soutien nutritif toutes ces personnes profondément inconscientes qui s'attachent opiniâtrement à la vie. D'où l'importance de bien poser la question qui doit d'abord porter sur les fondements d'une telle position. Pourquoi serait-il acceptable de s'abstenir de nourrir un patient ?

Une première réponse est proposée. Dans quelques situations la mort est meilleure que la vie, elle est dans le meilleur intérêt du malade. Certaines vies paraissent avoir perdu tout sens et toute dignité pour elles-mêmes. Si elles en avaient, ce serait plutôt pour ceux et celles qui en prennent soin. Elles seraient un moyen offert à la charité d'autrui alors qu'en fait elles représentent un poids énorme pour l'individu et la collectivité. Pourquoi alors continuer à leur procurer un soutien nutritif ? De fait, plusieurs cours américaines sont récemment allées dans cette direction. Des malades non mourants, mais en état permanent d'inconscience ou d'extrême confusion peuvent ne pas être nourris. Un des exemples classiques américains est celui de Claire Conroy, cette femme de 83 ans privée de toute famille sauf d'un neveu qui en est le tuteur. Elle est extrêmement confuse et souffre de gangrène, d'artériosclérose, d'hypertension, de diabète, de plaies de lit et d'infection urinaire. Bien qu'elle ne soit ni en phase terminale ni comateuse, son neveu demande à un juge du New Jersey qu'en raison de l'état de santé de sa tante, on cesse tout soutien nutritif artificiel à son égard. La cour finalement accède à sa requête et le tube nasogastrique est enlevé [5].

Cette position se fonde sur la reconnaissance que dans ce cas, la mort est meilleure que la vie. Elle porte en soi une dynamique de discrimination et d'euthanasie. Si la condition mentale et physique délabrée est à l'origine de la prise de décision, n'est-ce-pas de la discrimination? Si cette personne est privée de nourriture parce que sa mort apparaît moins misérable que sa vie, c'est une forme directe d'euthanasie. Les conséquences sociales d'une telle position sont extrêmement inquiétantes pour de nombreuses catégories de malades comme ceux atteints de la maladie d'Alzheimer, de démence, de la maladie de Lou Gehrig ou de sidatiques atteints au cerveau. L'optique des tenants de la première réponse se situe dans la logique de la position présentée à la fin du premier chapitre et soutenant qu'il n'y a pas de différence entre tuer (euthanasie active) et laisser mourir (euthanasie passive) quelqu'un.

Une seconde réponse part de la réalité des techniques de soutien nutritif et de leur sens dans le service aux personnes malades. Que sont ces techniques? Elles sont d'abord des techniques particulières qui visent un objectif particulier. Elles sont utilisées dans des situations où la condition de la personne l'empêche de maintenir naturellement un niveau optimal de nutrition et d'hydratation. Au contraire de la personne qui souffre de faim ou de soif parce que des conditions externes, économiques, politi-

---

[5] Richard A. McCormick, *Caring or Starving? The Case of Claire Conroy,* America, 152, Apris 6, 1985, p. 269-273.

ques, écologiques, etc. l'en privent, ces technologies sont utilisées par des professionnels de la santé pour aider un malade incapable d'ingérer par lui-même une nourriture à sa disposition. Il y a là une première distinction importante à souligner entre l'alimentation naturelle et artificielle. Les motifs pour utiliser des techniques artificielles d'alimentation doivent se comprendre à partir des objectifs de la médecine puisque le fondement de leur utilisation, c'est l'état de santé de la personne. Il est donc difficile d'interpréter d'une manière univoque l'invitation à nourrir ceux qui ont faim et soif. L'éthiopien privé de nourriture en raison de la famine endémique qui règne en son pays n'est pas comparable au malade atteint d'un cancer à l'estomac et incapable d'absorber la nourriture.

La perspective présentée ici ne conduit pas à la conclusion suggérée par la première réponse où l'arrêt de nourriture devient une forme d'euthanasie. Quand la maladie empêche le malade de se nourrir normalement et qu'il faut faire alors appel à des moyens artificiels, ces derniers sont équivalents à des techniques de prolongement de la vie au même titre que l'hémodialyse ou les respirateurs. L'exemple le plus clair à ce propos est le cas du malade mourant d'une maladie du système digestif. Une intubation est nécessairement un système de soutien de la vie qui s'oppose au cours normal de la maladie. Dans ce sens, arrêter d'utiliser les intraveineuses ou un cathéter central lorsqu'ils sont nécessaires à la survie d'un malade, c'est arrêter de faire appel à un traitement qui permet au malade de survivre. C'est le laisser mourir de la maladie qui détruit sa capacité normale de boire et de manger. La personne n'est pas privée de nourriture en vue d'accélérer sa mort. La médecine ne fait plus obstacle au processus normal de la maladie.

La vérité de ce point de vue est confirmée par l'expérience de nombreux soignants qui comparent la profonde différence qu'il y a, au niveau humain, entre nourrir quelqu'un d'une manière naturelle et utiliser des tubes pour l'alimenter. Le patient qui git dans son lit, à peine dérangé par l'infirmière qui vient vérifier l'écoulement normal dans le tube en vue de permettre la dose optimale de liquide, ne vit sûrement pas la même expérience humaine que l'autre qui entouré des siens ou d'un soignant se voit offrir un peu d'eau ou voit ses lèvres régulièrement humectées. Cette seconde réponse, en identifiant les moyens artificiels de soutien nutritif aux autres techniques médicales de soutien de la vie, invite à utiliser des critères semblables dans les prises de décision.

Les critères

Si donner à manger à ceux qui ont faim et à boire à ceux qui ont soif est une exigence d'humanité et que les soins prodigués cherchent à soutenir une vie en difficulté de santé, l'exigence éthique qui en découle est claire : nourrir quelqu'un est une responsabilité première dont nous ne pouvons nous démettre facilement. Dans certaines situations, cependant, continuer à nourrir un patient n'apparaît pas servir ses meilleurs intérêts en raison de la maladie qui l'assaille, de l'incapacité de la technique médicale d'obvier à la situation et, parfois, lorsque le malade est capable de s'exprimer, de sa demande expresse. Il est des cas, comme il a été mentionné au début du chapitre, où nourrir artificiellement un malade est une tentative inutile. Il en est d'autres où ne rien offrir sauf des soins de base comme humidifier les lèvres fait moins souffrir que nourrir. L'important est donc de déterminer les conditions qui permettront de prendre une décision respectant les meilleurs intérêts du malade.

Des critères généraux ont déjà été proposés au chapitre

portant sur l'abstention thérapeutique et l'interruption de traitement. Ils ne seront pas repris comme tels ici. Trois types de situation seront plutôt présentés ; leur étude permettra d'appliquer les critères. La première situation concerne un patient dont la mort est imminente. La seconde concerne le patient qui n'est pas mourant mais en état de coma irréversible. Dans la troisième se retrouvent les cas des non mourants et des non comateux.

La *première situation* est celle du malade dont la mort est imminente. L'expression « mort imminente » affirme la proximité de la mort et non seulement la dimension terminale de la maladie. Une personne dont la maladie est terminale peut vivre plus d'une année. Que l'on pense à beaucoup de sidatiques dont l'espérance de vie est de plus d'une année même si la maladie est sans rémission. Parler de mort imminente, c'est normalement parler de quelques jours, tout au plus deux semaines. Dans ces circonstances et les conditions bien spécifiées, il est acceptable d'arrêter de nourrir par intraveineuses ou autres moyens artificiels un patient.

Lorsqu'il devient évident que la mort d'un malade est imminente, la responsabilité médicale se transforme ; la vie ne peut plus être prolongée, seule la mort peut être retardée. Certaines interventions médicales retarderaient un processus inévitable à court terme et ne serviraient donc pas les meilleurs intérêts du patient. Des interventions comme l'hydratation artificielle ou autres techniques de prolongement ne sont alors acceptables que pour soutenir la dignité du malade. Elles sont nécessaires pour contrôler la douleur et maintenir un certain confort.

La douleur, la soif, la faim étant des sensations conscientes, un patient comateux ne saurait les expérimenter. Il n'en irait pas de même si le patient était mourant mais non comateux. Dans le cas du comateux, les liquides intraveineux sont comparables aux techniques de réanimation

qui prolongent le processus du mourir. Si ces dernières ne
sont pas moralement requises, pourquoi en serait-il autrement de l'alimentation artificielle ?

Pour conserver son sens, cette position exige que ce
malade ne soit pas abandonné par les soignants, médecins
et autres. Parmi les arguments avancés pour s'opposer à
l'arrêt d'alimentation se retrouve celui de l'abandon d'un
malade, particulièrement à un moment critique de son
existence. N'est-ce pas ce qui se passe dans plusieurs
milieux, disent certains soignants, lorsque est prise une
décision d'interruption de traitement ou de non réanimation ? Une telle décision ne devrait donc être prise
qu'après discussion avec la famille, l'équipe soignante et
dans un souci de respect profond de cette personne qui
dépend totalement des soins que les autres lui procurent.

De nombreux théologiens catholiques sont tout à fait à
l'aise avec cette vision. Déjà au 16e siècle, le théologien
moraliste espagnol Francisco De Vitoria soutenait une
telle position alors même que les moyens artificiels n'exis-
taient pas encore. Le dominicain se demande si une personne malade qui arrête de manger parce qu'elle n'en a
plus le goût serait coupable d'un péché équivalent à un
suicide. La réponse du moraliste est la suivante. Si le
patient doit déployer les plus grands efforts pour réussir à
manger parce qu'il est profondément déprimé ou qu'il a
perdu tout appétit, il faut accepter une sorte d'impossibilité. Le patient est donc excusé, du moins de péché mortel
spécialement s'il n'y a à peu près pas d'espoir de vie [6].
Dans les années 1950, le célèbre théologien moraliste
américain Gerald Kelly en était venu à une conclusion
semblable après avoir analysé l'histoire de la morale ca-

---

[6] Francisco DeVitoria, *Relaccion de la templanza,* Relecciones teologi-
cas, Madrid, Libreria religiosa Hernandez, 1917, vol.2, p. 139-189.

tholique sur le sujet [7]. D'autres traditions religieuses, comme le protestantisme et le judaïsme, vont dans le même sens.

La *seconde situation* concerne le patient qui n'est pas mourant mais en état de coma irréversible. Le consensus est ici beaucoup plus dilué.

Les uns soutiennent que nourrir quelqu'un est une responsabilité humaine fondamentale qui ne doit être à peu près jamais suspendue sauf dans des situations exceptionnelles. Ici la nutrition et l'hydratation ne sont pas assimilables à des procédures médicales. Pour cette école de pensée, arrêter de nourrir un malade non mourant bien qu'en état végétatif, ou dont le cerveau est profondément endommagé, est une décision fondée sur la qualité de la vie. Dans ce sens, c'est une décision trop profondément subjective pour être acceptable. De plus, une telle décision paraît être de l'euthanasie puisque l'interruption de nourriture provoquera la mort du patient. Cette position pour généreuse qu'elle soit pour le malade ne tient pas compte et de la réalité du malade et du sens de la médecine.

L'hydratation et la nutrition artificielles étant des procédures médicales, elles doivent être utilisées dans la mesure où elles permettent à la médecine d'atteindre ses objectifs. Dans la situation du malade en coma irréversible, seule est possible la préservation de la vie organique ; les autres objectifs ne peuvent être atteints. Les moyens artificiels de soutien nutritif à la disposition de la médecine ne sont-ils pas ici disproportionnés aux résultats recherchés ? S'il est vrai que la décision d'arrêter de nourrir un tel patient est liée à sa qualité de vie, on doit cependant reconnaître que cette qualité de vie est ici en deçà d'un seuil considéré minimal (voir chapitre 3, Abstention thé-

---

[7] Gerald Kelly, *Medico-Moral Problems*, Saint Louis, The Catholic Hospital Association, 1958, p. 130.

rapeutique et interruption de traitement. Dans ce contexte, il est possible d'utiliser le critère de la qualité de la vie pour orienter une décision d'arrêt de traitement. Que la procédure soit simple, économique, disponible, douce et tout à fait commune, ne la rend pas universellement obligatoire. L'espoir réel de bénéfice pour ce patient est un critère déterminant.

Dans pareilles situations, l'accusation d'euthanasie ne tient pas. En effet, la mort n'est pas causée par le fait qu'on ait privé quelqu'un de nourriture, elle fait partie intégrale de la réalité de cette personne incapable en raison de son état de se nourrir normalement. L'arrêt des procédures d'hydratation et de nutrition artificielles n'a pas pour but de hâter la mort de cette personne, il est plutôt la reconnaissance de l'impuissance de la médecine à atteindre ses objectifs fondamentaux.

Cette position pour juste et raisonnable qu'elle soit me laisse cependant inquiet. En arrivera-t-on à un relâchement dans le sens de la responsabilité médicale ? Ne sera-t-on pas peu à peu conduit à utiliser une notion floue de qualité de vie pour en arriver plus rapidement à une décision d'arrêt de traitement ? En raison des coûts impliqués, les administrations publiques ne feront-elles pas pression sur les professionnels de la santé et sur les familles de ces malades pour que cessent les prolongements « inutiles » ? Quand décidera-t-on qu'il est maintenant acceptable de cesser d'alimenter ce malade en coma irréversible ? Après quelques jours, quelques semaines, ou des années ?

Toutes ces questions doivent être posées sinon le risque est grand de passer d'une position qui accepte, à certaines conditions, l'interruption de l'alimentation, à une position qui l'oblige, sauf exceptions. En devenant politique médicale et hospitalière, cette position éthique risque de se diluer, d'où l'importance de bien délimiter la question et de déterminer avec précision les critères qui présideront à la décision. Autrement un objectif de justice conduirait à nier le respect dû aux plus démunis d'entre nous.

Dans la *troisième situation* se retrouvent les cas de non mourants et non comateux. Les situations sont nombreuses et variées. Le cas de Claire Conroy, cette femme de 83 ans, extrêmement confuse et souffrant de gangrène, d'artériosclérose, d'hypertension, de diabète, de plaies de lit, d'infection des voies urinaires et dont le neveu demande que soit enlevé le tube nasogastrique qui sert à la nourrir a déjà été mentionné. Un autre exemple serait la personne démente, souffrant de plusieurs problèmes chroniques non fatals et qui, malgré les efforts soutenus et adaptés de ses proches, refuse toute nourriture. Enfin, une troisième situation serait celle du malade souffrant d'une insuffisance cardiaque sévère et qui développe un cancer de l'estomac avec une fistule qui conduit la nourriture de l'estomac au colon. Nourrir par intraveineuses serait nécessaire, mais est impossible puisque le cœur très affaibli ne tolérerait pas le liquide.

Ces trois exemples, malgré leur dénominateur commun, sont très différents et doivent être étudiés séparément. Pour être en mesure de prendre une bonne décision, il faudrait d'abord reconnaître qu'une alimentation adéquate est normalement une exigence médicale. Seules des circonstances exceptionnelles permettraient d'agir autrement. C'est la position récemment exprimée par le comité de bioéthique de la *Société canadienne de pédiatrie* [8]. Il y a effectivement des situations où le patient n'est pas en état de bénéficier de ce soin ; le traitement serait alors futile. Dans d'autres circonstances, le traitement est possible

---

[8] Comité de bioéthique de la société canadienne de pédiatrie, *Exposé. Décisions thérapeutiques relatives aux nourrissons et aux enfants*, Juin 1986, p. 1-2.

mais le fardeau qui serait alors imposé au malade est plus lourd que le bénéfice qu'il en retirerait. Le critère à l'origine de la décision doit être le meilleur intérêt du patient et non le désir de hâter la mort. La personne qui est responsable de la décision doit donc clarifier les buts de l'intervention et déterminer s'il est possible de les atteindre à un coût acceptable pour le patient. Lorsque le support nutritif s'avère médicalement futile ou même nuisible au maintien de la vie, il n'y a pas obligation de le continuer. La décision d'arrêter ou non doit être prise en fonction des meilleurs intérêts du malade considéré dans sa totalité et son intégrité.

Le malade capable et le malade incapable

Dans la présentation des trois types de situations, il n'a pas été question de la distinction fondamentale entre patient incompétent et compétent ainsi qu'entre le malade capable d'exprimer un point de vue et celui incapable de manifester quelque désir. La distinction est décisive dans la première et la troisième situations. Décider d'utiliser ou ne pas utiliser des techniques artificielles de soutien nutritif dans les situations qui nous occupent, exige une discussion approfondie entre le malade, sa famille lorsque nécessaire, et les professionnels de la santé concernés, principalement le médecin responsable. Le respect du malade l'exige.

Quand le malade est compétent, il est le responsable ultime de la décision même s'il a besoin du soutien actif de ses proches pour éclairer son choix. C'est à lui de décider si, quand et comment il va boire et manger. Cela vaut autant pour les modes naturels qu'artificiels de nourriture. C'est là reconnaître son humanité. Plusieurs motifs peuvent amener un malade à vouloir cesser de se nourrir ou d'être nourri. L'isolement, la médication, la fatigue de vivre, la souffrance, l'attitude des proches ou des soignants sont des facteurs à considérer. Les professionnels doivent être attentifs à toutes ces dimensions lorsqu'ils discutent avec un malade à propos de nourriture. Par moments, les familles tendent à forcer le malade à se nourrir plus qu'il n'en a le goût, car pour elles, se nourrir c'est vivre. Elles refusent de reconnaître la mort. Elles doivent être aidées à comprendre la perspective du malade. C'est dans cet échange entre malade, famille et soignants que le premier se sentira respecté : il est encore responsable. Même ceux qui s'opposent à l'interruption de nourriture en raison de sa connotation euthanasique reconnaissent que la demande d'un patient compétent d'arrêter des procédures artificielles de soutien nutritif doit être respectée.

Qu'en est-il lorsque le malade est incompétent ? Il y a, par exemple, la situation du patient en coma irréversible mais non mourant ou celle du malade mourant comateux. En raison de la signification de l'alimentation dans l'existence humaine, une décision concernant l'abstention et l'interruption de nourriture exige une discussion approfondie tant avec l'équipe soignante qu'avec la famille ou les proches responsables. La discussion doit se faire d'une manière ouverte en vue de respecter les meilleurs intérêts du patient. Même une discussion ouverte va se faire avec beaucoup d'émotivité en raison du sens de la décision.

En certaines circonstances le malade est considéré incompétent mais demeure capable de s'exprimer verbalement ou autrement. Ses désirs peuvent être manifestés. Une demande d'arrêter les moyens artificiels de soutien nutritif doit-elle être entendue ? Dans un tel contexte, toutes les formes de communication avec le malade doivent être utilisées de manière à bien comprendre la signification exacte de la demande et à bien faire comprendre les implications du geste. Les proches doivent être impliqués dans le processus. Normalement il ne paraît pas raisonnable de nourrir par la force un patient dont les vœux clairement exprimés sont jugés conformes à l'histoire du malade ou correspondent au critère de la personne raisonnable. Le faire irait à l'encontre du respect dû à cette personne.

Lorsque est prise une décision d'interrompre ou de ne pas commencer une procédure d'alimentation et d'hydratation, la tâche des soignants n'est pas terminée pour autant. L'accompagnement et le souci du bien-être du malade doivent se poursuivre avec même une préoccupation plus grande puisque le malade entre dans une phase encore plus déterminante de son existence. Des gestes simples qui auraient déjà dû être en place deviennent centraux, comme un peu de glace pour empêcher le dessèchement des lèvres, un peu de liquide, des analgésiques pour rendre plus confortable, etc. Une attention constante aux réactions du malade est exigée en parcille situation. Arrêter le soutien nutritif n'est pas abandonner un malade.

Des politiques à établir

La lecture de ces pages fait voir que le sujet abordé ici ne fait pas l'unanimité dans la société. De plus, il y a risque d'abus à l'égard de personnes pour qui la vie est totalement dépendante des proches, des professionnels et des administrations hospitalières. Il est important, dans ce contexte, d'établir des politiques claires dans les différentes institutions où ces questions se posent. Les centres hospitaliers ont le devoir de vérifier les décisions prises d'arrêter le soutien nutritif et les modalités utilisées pour y parvenir. De même qu'elle doit protéger le droit d'un

malade à voir interrompre le soutien nutritif, une société
doit aussi le protéger contre des décisions trop rapides ou
mal éclairées. Sans vouloir maximiser le rôle d'un comité
hospitalier d'éthique, il me semble qu'à ce stade-ci, toute
décision d'interrompre l'alimentation d'un patient devrait
être examinée par un tel comité. Celui-ci permettrait de
mieux dégager les multiples implications d'une pareille
question. Non seulement doit-on tenir compte du malade,
mais aussi des implications pour le personnel infirmier
chargé de mettre en œuvre la décision. Une politique
écrite serait aussi une dimension importante en vue de
respecter les meilleurs intérêts des personnes malades. Il
s'agit de bien s'assurer que l'objectif poursuivi et la mise
en œuvre donnent priorité à la personne du malade.

CHAPITRE 6

Le nouveau-né handicapé

L'histoire d'un cas

Bébé Dupont est né prématurément à 23 semaines et pèse 750 grammes. Le pédiatre, Dr Letendre, le lendemain de la naissance, explique longuement aux parents la situation de leur enfant. La condition de ce dernier est critique. En effet, parce que le bébé est né prématurément, les poumons n'ont pu se développer normalement. L'enfant peut respirer mais avec de grandes difficultés. Ses poumons se développeront peut-être, mais il n'est pas sûr qu'ils deviendront normaux. De plus, le cerveau risque d'être endommagé en raison des difficultés d'oxygénation. Ces problèmes pourraient ne laisser aucune trace chez l'enfant ; il est cependant probable qu'il demeurera handicapé physiquement et mentalement.

Même s'il tente de parler aux époux Dupont avec beaucoup de doigté et de clarté, Dr Letendre voit leurs réactions douloureuses. Leur silence total exprime la tragédie profonde qu'ils vivent d'avoir donné naissance à cet enfant. Et pourtant le pédiatre doit continuer à informer les parents de deux autres mauvaises nouvelles puisque les actions qu'il doit poser dépendent de leur décision. L'enfant, d'une part, a développé une pneumonie qui pourrait

le faire mourir si on ne le traite pas aux antibiotiques. De
fait, on a commencé à lui en donner en raison de l'urgence
de la situation la nuit précédente. Faut-il continuer ? Telle
est la première question que le pédiatre pose aux parents.
De plus, l'enfant souffre d'une sténose de l'œsophage,
c'est-à-dire rien ne se rend à l'estomac. Il est donc impossible de le nourrir naturellement. Seuls des moyens artificiels parviennent pour le moment à le nourrir. Une opération simple corrigerait le défaut. Compte tenu de la condition d'ensemble de l'enfant, l'opération est-elle indiquée ?

Dr Letendre comprend la situation difficile, presque
intenable, des parents. Il est prêt à tenter de répondre à
leurs questions, leur offre les services disponibles à l'hôpital pour faciliter leur prise de décision. Peut-être veulent-
ils rencontrer une travaillleuse sociale ou une personne
rattachée au service de pastorale ? Une infirmière-liaison
est aussi à leur disposition. Il leur rappelle cependant que
c'est leur enfant et qu'ils sont les personnes désignées par
la loi et le code de déontologie médicale pour prendre les
décisions.

La naissance d'un enfant grandement prématuré ou
sévèrement handicapé «suscite un véritable sentiment de
catastrophe qui se traduit par des pleurs, des cris, des
comportements irrationnels». Pour les parents, c'est, en
quelque sorte, l'échec de leur désir de voir surgir d'eux un
être à la fois semblable et meilleur. Parce que l'«événement provoque un violent stress émotionnel qui entraîne
une perturbation sur tous les plans, personnel, conjugal,
familial et social [1]», les parents sont-ils en mesure de
prendre des décisions aussi importantes pour la vie d'une
autre personne ? Dr Letendre, qui privilégie un modèle
professionnel fondé sur l'autonomie, y croit. Ce modèle
ne fait cependant pas l'unanimité, particulièrement dans

---

[1] Conseil des affaires sociales et de la famille, *Le rêve éclaté*, Québec,
Gouvernement du Québec, 1983, p.8.

les équipes de néonatologie. La situation de bébé Dupont pose donc une première question, elle concerne la prise de décision.

Déterminer la ou les personnes responsables de la décision n'est qu'une des facettes des dilemmes qui se posent en pareilles circonstances. En effet, il faut aussi établir les critères qui fondent la décision. Faut-il, par exemple, utiliser les mêmes critères que dans le cas des adultes ? Doit-on tenir compte des coûts économiques et sociaux associés aux soins des enfants sévèrement handicapés ? Ces êtres dont l'activité cérébrale est minimale sont-ils des personnes ayant droit aux mêmes soins que celles dont le cerveau s'est développé ? Faire vivre quelqu'un dont la qualité de vie est à peu près inexistante a-t-il un sens ? Et comment agir lorsque est prise la décision de ne plus poursuivre de traitements vigoureux à l'égard de l'enfant ? L'euthanasie ne serait-elle pas en pareils cas la moins mauvaise décision tant pour l'enfant que pour les parents ?

Ces questions montrent la nécessité de critères pour guider les responsables de la décision. Avant d'aborder la question des fondements de la prise de décision, puis celle des responsables de la décision, je présenterai le contexte contemporain en vue de faire saisir toutes les difficultés auxquelles sont confrontées les personnes responsables lorsqu'elles ont à choisir une option ou une autre.

Le contexte

Depuis vingt ans maintenant, particulièrement en Angleterre et aux Etats-Unis, un débat se poursuit concernant l'attitude à prendre à l'égard des nouveau-nés sévèrement handicapés. Ce débat a lieu parce que, fait nouveau, ces nouveau-nés existent. Jusqu'à une date récente, les enfants naissent à la maison et, sauf exceptions rarissimes, les enfants malades y sont soignés et y meurent. Seuls les plus forts réussissent à survivre. Le taux de mortalité infantile est élevé. Les soins se fondent sur une philosophie qui laisse la nature suivre son cours. Il faut attendre les années 1950 pour voir la médecine pédiatrique devenir interventionniste à l'égard des nouveau-nés sévèrement handicapés.

Les années 1960 connaissent un progrès remarquable dans le domaine de la néonatologie. L'introduction des respirateurs, de la nutrition parentérale, du cathétérisme cardiaque, etc., et la formation de personnels médicaux et infirmiers hautement spécialisés permettent d'abaisser considérablement le taux de mortalité des enfants prématurés et sévèrement handicapés. A partir de ce moment, il devient possible de sauver les enfants trisomiques 21 souffrant d'atrésie duodénale ou d'opérer les bébés atteints de spina-bifida pour fermer l'ouverture de la mœlle épinière. Une survie généralisée de ces nouveau-nés s'avère donc réalisable.

La décade 1960 voit les enfants souffrant d'anomalies congénitales graves et les prématurés recevoir tous les traitements disponibles en vue de favoriser leur survie. La politique médicale est de tout tenter pour prolonger ces vies. A la fin de la décade et au début de la suivante, l'analyse des résultats de ces interventions commence à soulever un certain nombre de questions aux médecins, infirmières et parents : ces interventions servent-elles l'enfant, ses parents, la société ? Quelle sorte de vie prolonge-t-on ? Le débat vient de commencer. Celui-ci met d'abord en cause John Lorber, un neurochirurgien anglais de Sheffield, et John Freeman, un pédiatre américain de l'Hôpital John Hopkins à Baltimore.

John Lorber affirme en 1971 que les chirurgies qu'il fait depuis dix ans l'amènent à conclure que les enfants les plus sévèrement atteints de spina-bifida ne doivent pas

être soumis à ces interventions qui sont en fait des puni-
tions douloureuses et constantes. Il faut plutôt les laisser
mourir en paix. Des critères objectifs permettent de sélec-
tionner, dès la première journée, les enfants qui ne doivent pas être traités. Ils permettent d'identifier ceux qui
peuvent vivre une vie de qualité et ceux dont la souffrance
sera trop lourde à supporter. Les premiers recevront tous
les soins nécessaires alors que seuls des soins terminaux
seront prodigués aux seconds [2].

En 1972, en réponse au neurochirurgien anglais, John
Freeman affirme que prendre une décision de ne pas
intervenir, c'est espérer voir l'enfant mourir le plus rapidement possible. Pourtant, de 10 à 20% des enfants non
traités survivent durant deux ans, souffrant de méningite,
d'hydrocéphalie et de faiblesse rénale. Ils survivent mais
avec une vie de plus faible qualité que s'ils avaient été
traités dès le début. Et que dire de ceux qui survivront
encore plus longtemps? Dans ce contexte, l'on doit traiter
tous les enfants qui sont atteints de spina-bifida à moins
de choisir l'euthanasie pour ceux qui ne recevront pas de
traitements chirurgicaux. Freeman résume ainsi sa position : « Il est temps que la société et la médecine arrêtent
de se cacher derrière la fiction qu'arrêter un traitement est
éthiquement différent que de mettre fin à la vie. Il est
temps que la société commence à discuter des mécanismes
qui rendent possible de soulager la douleur et la souffrance des individus pour lesquels nous ne pouvons
rien [3] ». Puisque, ajoute-t-il, l'euthanasie n'est pas pour le

[2] John Lorber, *The doctor's duty to patients and parents in profoundly
handicapping conditions,* David J. Roy, dir., Medical wisdom and ethics
in the treatment of severely defective newborn and young children,
Montréal, Eden Press, 1978, p. 9-22.
    [3] John Freeman, *Is there a right to die quickly?* Journal of Pediatrics,
80, p. 905.

moment acceptable dans nos sociétés, tous les enfants doivent être traités avec vigueur.

Ce débat n'est que le premier d'une longue suite qui se poursuit encore. Aux Etats-Unis, le débat est particulièrement vif. Il est maintenant politique. Le Congrès et le Président ont, en effet, légiféré pour empêcher l'abstention thérapeutique définie ici comme une forme de négligence à l'égard du nouveau-né handicapé. L'abstention thérapeutique est identifiée à une forme d'abus sur l'enfant. Cette législation, plusieurs fois remaniée entre 1982 et 1985, n'est d'ailleurs pas sans soulever de nombreuses inquiétudes pour les nouveau-nés eux-mêmes. Dans d'autres pays, les gouvernements ne sont pas intervenus ; cela ne veut pas dire cependant que des débats n'ont pas lieu dans la communauté hospitalière et dans le public. On n'a qu'à s'intéresser aux médias pour se rendre compte de l'émotion que suscite la question.

Problèmes éthiques

Au cœur du débat se retrouvent sans doute des idéologies opposées qui génèrent la confrontation des positions. Ainsi en est-il entre les tenants de la sainteté de la vie et ceux valorisant sa qualité. Les différences idéologiques n'expliquent pas tout. De nombreuses difficultés ou ambiguïtés trouvent leur origine dans le contexte même de la néonatologie. Trois éléments doivent être particulièrement mentionnés. La première source d'ambiguïté vient de la difficulté de définir avec précision le rôle de la technologie lorsqu'il s'agit de prendre des décisions concernant un nouveau-né qui se trouve entre la vie et la mort. La seconde source vient de la difficulté de définir avec précision s'il s'agit d'une action thérapeutique ou expérimentale. Enfin, la troisième source est celle de l'opacité de l'enfant en grande détresse.

Dans le cas du bébé Dupont, des décisions d'intervenir vigoureusement ou pas s'imposent. Faut-il essayer tout ce qui est au pouvoir de la médecine pour lui sauver la vie ? Cette question prend une tournure différente selon l'école de pensée à laquelle chacun appartient. Ainsi, les uns se demandent si la technologie doit décider pour nous et s'inquiètent de la possiblilité qu'elle soit utilisée simplement parce qu'elle est disponible. Les autres se demandent si aujourd'hui il est acceptable que certains enfants ne bénéficient pas des soins intensifs offerts par la néonatologie. Les deux formulations, bien que différentes, posent la question du rôle de la technologie.

Le comité de bioéthique de la Société canadienne de pédiatrie a bien vu le problème que posent les développements technologiques en néonatologie lorsqu'il affirme que «la médecine et la technologie moderne possèdent aujourd'hui des moyens si sophistiqués de prolonger la vie humaine qu'il y a danger que cette prolongation devienne une fin en soi[4]». Au nom du caractère sacré de la vie, la technologie risque de conduire à traiter n'importe quel enfant à n'importe quel prix. Elle permet peut-être de dire «J'ai tout essayé» et libérer ainsi les parents, les soignants et la société de l'angoisse, du doute et de la culpabilité que représente toute prise de décision dans une pareille situation. Ce serait cependant choisir une voie de facilité puisque les personnes responsables se déchargeraient sur la technique du fardeau d'une décision angoissante et douloureuse.

La seconde source d'ambiguïté vient du contexte dans

---

[4] Comité de bioéthique, Société canadienne de pédiatrie, *Exposé. Décisions thérapeutiques relatives aux nourrissons et aux enfants*, Juin 1986, p. 1.

lequel les équipes de néonatologie envisagent une décision de prolonger un grand prématuré. S'agit-il de thérapie ou d'expérimentation? En effet, pour augmenter le
taux de survie de nouveau-nés de plus en plus prématurés
et de plus en plus sévèrement handicapés, les professionnels de la santé doivent continuellement innover au plan
des thérapies. Les avancées dans ce domaine comme ailleurs en médecine ne se font pas sans une certaine expérimentation puisque chaque nouveau succès représente un
nouveau dépassement. On est dans l'ordre des premières.

L'innovation thérapeutique n'est pas mauvaise en soi.
Au contraire, la thérapie expérimentale vise à promouvoir
les meilleurs intérêts des nouveau-nés en détresse. L'innovation thérapeutique soulève cependant un certain nombre de questions, surtout dans le cas des enfants. En effet,
il y a risque de conflit entre la dimension expérimentale et
l'aspect thérapeutique de l'intervention. Même si de telles
situations font partie de la vie normale d'un hôpital uni-
versitaire voué à la recherche, il n'est pas toujours évident
que les professionnels ont bien cerné les implications des
conflits potentiels et se préoccupent d'en faire part aux
parents. Dans des activités hautement innovatrices, la dynamique entre expérimentation et thérapie est telle qu'il
n'est guère facile d'identifier avec précision les exigences
spécifiques des deux dimensions. La frontière entre les
deux aspects étant floue, il y aurait nécessité pour une
équipe de soins intensifs en néonatologie de bien définir
ses objectifs pour ainsi bien éclairer les motifs de ses prises
de décision. En effet, une intervention dont la visée n'est
pas directement thérapeutique pour le nouveau-né peut-
elle être entreprise dans le même esprit que celle qui
l'est? Opter pour le traitement de la dernière chance doit-
il se faire en utilisant les mêmes critères de décision que
pour une thérapeutique reconnue?

Quand naît un nouveau-né souffrant de graves anomalies malformatives ou grandement prématuré, dans la majorité des cas il est difficile de poser un diagnostic certain. Bébé Dupont en est un exemple. L'incertitude est d'ailleurs double. Une première facette de l'incertitude se caractérise par ce que William Bartholome du Kansas Medical School nomme l'opacité morale de l'enfant. Ce dernier « n'a pas de passé à partir duquel nous pourrions discerner ses attentes, ses désirs et ses buts [5] ». Il n'a pas de biographie, d'où l'impossibilité d'utiliser le critère du jugement substitué dont il a déjà été question. Même si les responsables de la décision tentaient de regarder en direction de l'avenir de l'enfant, l'histoire de ce dernier n'apporterait pas d'éclairage particulier pour établir des jugements et poser des actions.

De plus, il y a une seconde incertitude, c'est celle des résultats. Une énorme incertitude caractérise l'extrême prématurité. L'enfant prématuré peut se développer normalement, mourir rapidement, ou souffrir d'un profond retard mental ou d'autres anomalies sévères. Peu d'indicateurs fiables existent de ce que deviendra un tel enfant. Il y a, comme le note Richard McCormick, une « zone grise, assez large, où les choses ne sont pas claires du tout, où des décisions doivent être prises dans un état de grande incertitude, et donc avec crainte et tremblement ». Et il ajoute, citant un médecin : « Dans les services de soins intensifs aux nouveau-nés, nous vivons dans le doute ; nous sommes presque *toujours* dans le doute [6] ».

Cette situation soulève des problèmes particuliers. En effet, en raison de l'incertitude, sauf cas évidents, mieux vaut commencer un traitement et voir comment l'enfant réagit. Une telle approche qui permet de réévaluer régu-

---

[5] William G. Bartholome, *Responsabilities to the Imperiled Infant,* Second Opinion, 2, 1986, p. 35.
[6] Richard A. McCormick, *Les soins intensifs aux nouveau-nés handicapés,* Etudes, 357, novembre 1982, p. 495.

lièrement le pronostic cherche à fonder les décisions sur la réalité même de l'enfant malade. La véritable décision est donc reportée à plus tard. Souvent, c'est « dans une deuxième phase, en cas de nouvelles complications, que doit être prise ou rejetée la décision de réanimer à nouveau, lorsque quelques jours de recul et l'exécution de certains examens complémentaires ont permis de préciser le pronostic [7] ».

Les conséquences d'un tel processus qui respecte la réalité de l'enfant ne sont cependant pas sans soulever un certain nombre d'inquiétudes. L'enfant est maintenant plus vieux, il a peut-être même quitté l'unité des soins intensifs pour une unité non spécialisée et tous ses proches, parents et soignants, ont développé des liens avec lui. La décision de ne plus poursuivre des soins vigoureux sera encore plus difficile à prendre. Malgré ce fait, le comité de bioéthique de la société canadienne de pédiatrie privilégie une telle approche, attentive à l'être même du nouveau-né malade. Quoi que l'on fasse pour dépasser l'opacité de la situation, les décisions à prendre continueront, dans beaucoup de cas, à diviser les uns et les autres.

Les critères de la décision

Lorsque naît un enfant prématuré ou handicapé, des décisions s'imposent. Ne pas décider est déjà agir. Des critères sont nécessaires pour orienter la prise de décision. Nous en mentionnerons deux pour n'en retenir qu'un. Certains philosophes font valoir que le statut moral du

---

[7] Henri Wattiaux, *Génétique et fécondité humaines,* Louvain-la-Neuve, Publications de la Faculté de Théologie, 1986, p. 54.

nouveau-né doit fonder la décision [8]. Ce nouvel être est-il
une personne ? Ils répondront non, faisant ressortir que le
nouveau-né n'a ni raison ni conscience de soi et que
certains animaux ont une conscience plus développée que
celle du bébé qui vient à peine de naître. L'argument
soutient qu'en raison de l'immaturité de leur système nerveux central, les nouveau-nés n'ont qu'un statut moral
dérivé. Les nouveau-nés dont le système nerveux central
est particulièrement peu développé ont un statut moral
encore moins reconnu.

Cette approche qui récupère en quelque sorte les développements de la neurologie et de nos connaissances dans
les critères de la détermination de la mort ne tient cependant pas compte du sens même de la pédiatrie. En effet,
qu'un enfant soit une personne ou pas est une question qui
ne se pose même pas en pédiatrie puisque enfant et patient ne sont qu'une seule et unique réalité. La sensibilité
du philosophe est à l'opposé de celle du néonatologiste.

Le critère du meilleur intérêt de l'enfant semble aujourd'hui faire consensus. Le comité de bioéthique de la
société canadienne de pédiatrie résume ansi la position de
l'ensemble des spécialistes de la question : « Il importe
que la décision d'appliquer un traitement médical visant à
prolonger ou maintenir la vie de l'enfant soit dans son
meilleur intérêt [9] ». Une décision concernant la vie d'un
nouveau-né doit être prise pour son bien et non pour le
bien d'un autre.

Pour bien comprendre le sens de l'expression, quelques
précisions s'imposent. D'une part, l'expression donne
prise à plusieurs interprétations compte tenu du contexte

---

[8] Tristram Engelhardt, Jr., *Ethical issues in aiding the death of young children,* M. Kohl, dir., Beneficient Euthanasia, Buffalo, N.Y., Prome-
theus Books, 1975, p. 180-192 ; Peter Singer, *Practical Ethics,* Cam-
bridge, Mass., Cambridge University Press, 1979, p. 122-123.
[9] Comité de bioéthique, p. 2.

de la décision. Les parents avaient, en effet, placé les plus grands espoirs dans la présence de cet enfant. La naissance joyeusement rêvée de ce dernier prend l'allure d'une tragédie. Elle peut conduire les parents à réagir de façon extrême dans un sens ou dans l'autre. Les uns diront : « Faites tout pour lui sauver la vie » ; les autres demanderont qu'on ne fasse rien puisque sa faiblesse est à l'opposé du rêve qu'ils s'étaient construit. D'autre part, le critère du meilleur intérêt sera compris selon les termes de référence utilisés par chacun. Ces termes sont-ils ceux de l'adulte normal ou de l'handicapé adulte ? Ces termes sont-ils ceux de l'incapacité d'entrer en relation ou simplement de l'absence de douleur ? Les critères de référence pour juger du meilleur intérêt d'une personne vont varier selon les sensibilités des personnes impliquées. Il importe donc d'aborder le critère du meilleur intérêt avec un grand souci d'équilibre et d'objectivité dans le tragique des circonstances.

S'il n'est pas possible de définir avec une parfaite précision le contenu de l'expression « le meilleur intérêt de l'enfant », l'orientation indiquée est cependant manifeste. Le bien du nouveau-né a priorité, dans la prise de décision, sur celui des professionnels, des parents ou de la société. Pour parler concrètement, le besoin de protéger les parents contre les soucis que représente l'éducation d'un enfant prématuré ne peut avoir préséance sur celui du nouveau-né. L'enfant est le centre de la décision. C'est à partir de lui que la décision doit se prendre d'interrompre un traitement ou de poursuivre une thérapie.

Une telle vision uniquement centrée sur l'enfant le respecte-t-elle et tient-elle compte des autres dimensions, familiale, économique et sociale, impliquées dans semblable décision ? La dimension absolue du fondement n'en réduit-elle pas la valeur opératoire ? Il faut d'abord reconnaître que le concept du meilleur intérêt de la personne n'est pas spécifique à la néonatologie, il est le fondement de toute la philosophie des soins de santé. L'interprétation du concept en néonatologie doit se faire dans le même esprit que dans les autres secteurs de la santé. De plus, une personne n'est pas un être isolé mais une existence familiale et sociale. Les institutions de la société jouent un rôle majeur dans le devenir d'une personne.

En face de cas extrêmement complexes où le choix raisonnable serait sujet aux interprétations les plus opposées et les soins à prodiguer exigeraient la mise en œuvre de toutes les énergies parentales, l'aptitude des parents à prendre soin de l'enfant est inséparable des meilleurs intérêts de ce dernier. L'intérêt du nouveau-né est en effet inséparable des soins qu'il recevra. Cela est, cependant, vrai de tout malade, adulte ou enfant. D'où l'aptitude parentale ne peut être considérée comme l'élément unique de la prise de décision. Dans les situations de zone grise, cet aspect acquiert néanmoins un poids plus considérable que dans d'autres situations où, en raison de la moins grande sévérité des handicaps, l'orientation de la décision va davantage de soi. Promouvoir les meilleurs intérêts du nouveau-né prématuré et handicapé exige donc de considérer cette personne intégralement et adéquatement.

Plusieurs objecteront à cette position fondée sur le meilleur intérêt de l'enfant que les intérêts de la société ne sont pas respectés. L'exemple des coûts financiers énormes engendrés par les techniques nouvelles vient aussitôt à l'esprit. Au nom du caractère sacré de la vie, on pourra être tenté de répondre à l'objection en soutenant que la vie n'a pas de prix. Prolonger ou non un enfant prématuré a pourtant un impact économique considérable sur la collectivité. Mettre de côté la question des coûts financiers serait refuser de faire face à la réalité. Se cacher la question des implications économiques fausserait tout débat concernant les attitudes à prendre à l'égard des nouveau-nés atteints de malformations sévères puisqu'il y manquerait des données réelles. Concernant les coûts financiers, la question éthique est la suivante : les montants d'argent dépensés pour traiter les nouveau-nés prématurés et handicapés sont-ils disproportionnés, déraisonnables et injustes ? Répondre à cette question dépasse les cadres de cet essai. Quelques éléments peuvent cependant être mentionnés.

S'il est vrai que les coûts sont élevés il ne faut pas s'en étonner : l'état de ces enfants le demande. La question ne doit pas porter sur les coûts eux-mêmes mais sur la relation coûts-bénéfices. La relation est-elle disproportionnée ? Fait-on un trop grand nombre d'interventions agressives simplement pour prolonger un état de mort ? A comparer les coûts en néonatologie à ceux d'autres secteurs des soins de santé, est-on porté à conclure que les sommes d'argent sont plus mal utilisées dans ce secteur que dans d'autres ? Des stratégies sont sans doute à développer pour abaisser les coûts, certaines d'entre elles impliquant des changements de mentalité chez les professionnels de la néonatologie. A ce stade-ci, il ne paraît pas cependant que le facteur économique doive être la clé qui permette d'ouvrir ou de fermer la porte de la vie à un enfant prématuré. Le critère du meilleur intérêt de la personne adéquatement et intégralement considérée demeure le plus respectueux de l'enfant.

Poussant plus loin la réflexion, on peut ajouter que parce qu'on reconnaît à tout enfant la qualité d'être humain, son meilleur intérêt exige que lui soit reconnu le droit à une vie humaine. Comme société, n'affirmons-nous pas que la vie est habituellement meilleure que la mort ? L'a priori est en faveur de la vie. Et de fait « un bon nombre de nouveau-nés méritent et peuvent bénéficier d'un traitement de survie agressif [6] ». Les meilleurs intérêts de l'enfant dictent la plupart du temps une option de traitement en faveur de la vie. Mais cela n'est pas toujours le cas.

> La responsabilité générale de maintenir ou de prolonger la vie humaine ne s'applique pas dans les cas suivants : (1) lorsqu'il y a progression irréversible vers une mort imminente ; (2) lorsque le traitement est nettement inefficace ou néfaste ; (3) dans les cas où la vie humaine sera sérieusement raccourcie quelque soit le traitement administré et lorsque l'absence de traitement permet de fournir de meilleurs soins et un plus grand confort que le traitement luimême ; (4) lorsque la vie sera inéluctablement remplie de douleurs et de souffrances intolérables et irréductibles [4].

Cette position de la société canadienne de pédiatrie est tout à fait dans la ligne du document de la Congrégation de la doctrine de la foi qui a été, mainte fois, cité dans les chapitres précédents : « On appréciera les moyens en mettant en rapport le genre de thérapeutique à utiliser, son degré de complexité et de risque, son coût, les possibilités de son emploi, avec le résultat qu'on peut en attendre, compte tenu de l'état du malade et de ses ressources physiques et morales [10] ». L'inutilité du traitement et la charge trop lourde qui l'imposerait au malade lui-même sont donc des facteurs déterminants dans la prise de décision [11]. Le théologien Richard McCormick rejoint ici le vieil adage médical : « Ne fais pas souffrir quelqu'un à moins d'en attendre un bénéfice compensatoire ». Si l'intervention n'est pas considérée à l'avantage de l'enfant mais lui imposerait, au contraire, un fardeau excessif, elle

---

[10] Congrégation de la doctrine de la foi, *Déclaration sur l'euthanasie*, Patrick Verspieren, dir. « Biologie, médecine et éthique », Paris, Le Centurion, 1987, p. 420.
[11] Richard A. McCormick, p. 497.

ne servirait pas ses meilleurs intérêts. Dans ce sens, elle ne devrait pas être entreprise.

Au fardeau excessif et à l'inutilité du traitement, Richard McCormick a ajouté un autre critère fondé sur le potentiel de relations humaines associé à la condition de l'enfant. «Si ce potentiel est tout simplement inexistant ou, dans le pur combat pour survivre, ne pourrait qu'être complètement submergé et atrophié, cette jeune vie a épuisé son potentiel et ne présente plus à nos soins de requête de maintien de la vie [12]». Un tel critère s'appliquerait évidemment à l'anencéphalique mais non au trisomique 21. En proposant cette règle d'action, l'auteur n'affirme pas que certaines vies ont une valeur supérieure à d'autres, mais que cette vie n'a pas les éléments requis pour pouvoir participer même minimalement aux différentes valeurs de la vie. Un groupe de travail de l'Eglise épiscopale (anglicane) du Canada est allé dans la même direction, affirmant que dans certaines situations précises «ces petits ne jouissent d'aucune espèce de potentiel à faire partie de l'humanité [13]».

Les critères proposés ici ne sont pas d'ordre exclusivement médical. Les jugements sont des jugements de valeur disant quelque chose de la vie et de la mort. Dans le débat politique américain concernant les règles à adopter à l'égard des nouveau-nés sévèrement handicapés, certains voulaient fonder la décision de traiter ou pas sur des indications uniquement médicales. Des néonatologistes français semblent aller dans la même direction lorsqu'ils affirment que «la décision de poursuivre la réanimation ou d'interrompre celle-ci doit rester une décision d'ordre

---

[12] Richard A. McCormick, p. 499.
[13] Lawrence Whytehead et Paul Chidwick, dir., *L'acte de la mort*, Montréal, Bellarmin, 1983, p. 65.

médical [14] ». La décision ne peut être d'ordre strictement médical car la médecine n'a pas de compétence particulière pour définir le fardeau excessif que représente le handicap ni le meilleur intérêt de l'enfant malade. Le jugement est d'ordre éthique et, à ce niveau, nul n'a une voix décisive de par sa profession. La responsabilité de la décision se situe à un autre niveau.

Le rôle des parents

Déterminer les personnes responsables de la prise de décision ne fait pas l'unanimité dans les milieux concernés. Si, en Amérique, la plupart des récentes prises de position des associations professionnelles font porter aux parents la responsabilité principale de la décision, il n'en va pas toujours de même dans le quotidien des unités de néonatologie. Les équipes de soins, en Europe comme en Amérique, font ressortir que « la survenue brutale d'un événement dramatique comme la naissance difficile d'un nouveau-né qui se trouve immédiatement 'entre la vie et la mort' provoque un choc émotionnel intense qui fait 'sauter' les repères habituels de tout individu [15] ». En d'autres mots, comment les parents seraient-ils en mesure de poser un jugement raisonnable ? « Dire que c'est aux *parents* de choisir, n'est-ce pas une dérobade alors que la révélation du handicap de leur enfant les plonge dans un état d'effondrement, de 'nature seconde' (A. Minkowski) qui ne les prépare pas à apprécier les enjeux pour eux-mêmes et leur foyer pour une décision dont les conséquences ne sont pas immédiatement prévisibles ? [16] ».

---

[14] Michel Deban, *Réanimation néonatale : jusqu'où ne pas aller trop loin ?,* Autrement, 93, octobre 1987, p. 34.

[15] Michel Deban, p. 32.

[16] Henri Wattiaux, p. 56.

S'il est vrai qu'ils vivent une situation d'éclatement, les parents n'en demeurent pas moins les premiers responsables du bien-être de leur enfant. Dans des moments aussi tragiques, ils ont particulièrement besoin du soutien d'une équipe compétente et compatissante. Plutôt que de les prendre en charge de manière paternaliste, l'équipe de néonatologie doit promouvoir leur autonomie. C'est ce que tentait le Dr Letendre dans le cas de bébé Dupont.

Différents motifs expliquent ce point de vue. Dans le cadre sociétal qui est le nôtre « les parents ont une responsabilité morale et légale face au bien-être de leurs enfants et doivent donc être les subrogés chargés de donner la permission [9] » d'interrompre une thérapie ou de la poursuivre. Parce que les décisions à prendre sont fondées sur des jugements de valeur et non sur des critères uniquement cliniques, les parents ont ici une prérogative particulièrement lourde. Ils ne peuvent cependant s'en abstenir parce que tout au cours de l'existence de l'enfant, ils seront chargés de la qualité et du développement de sa vie.

Affirmer la responsabilité parentale n'implique pas un droit de vie et de mort sur l'enfant. Depuis le début du siècle, en particulier, les parents ont perdu un pouvoir de possession sur leurs enfants. Les lois de protection de l'enfance le montrent bien. Or dans certaines circonstances, les parents trouvent trop lourd le fardeau des soins à prodiguer à un enfant sévèrement handicapé. Il est possible aussi que surgissent des conflits d'intérêts entre les parents et le nouveau-né, ou entre ce dernier et d'autres membres de la famille. Lorsque les parents n'agissent pas dans ce qui paraît être les meilleurs intérêts de l'enfant, qu'arrive-t-il? Pour pouvoir aborder correctement la question, il faut préalablement présenter le rôle de l'équipe soignante spécialisée en néonatologie.

L'équipe soignante

La responsabilité des médecins et des infirmières sera perçue différemment selon la philosophie de base de l'équipe soignante. Un modèle de pratique fondé sur la bienfaisance et que l'on identifie souvent au paternalisme transforme l'équipe soignante en substitut parental. Le traumatisme émotionnel causé par la naissance ferait des parents des êtres blessés à un tel point qu'ils perdraient la capacité de porter un jugement responsable. Cette position paternaliste oublie la réalité même des équipes de néonatologie. A l'intérieur des équipes, par exemple, on ne s'entend pas sur les fondements de la décision. Les perceptions éthiques sont passablement différentes entre médecins et infirmières. Il en va de même d'un hôpital à l'autre. Les uns se font un devoir de prolonger le plus longuement possible la vie d'un enfant. Les autres en viennent rapidement à déclarer futile tout traitement vigoureux. Les uns sont enseignants et chercheurs en même temps que responsables des meilleurs intérêts de l'enfant. Les autres sont inquiets des poursuites légales qui pourraient leur arriver. Les uns ressentent une profonde impuissance et sont prisonniers de leurs propres émotions. Les autres ont une conscience vive des conflits et des émotions qui les habitent. Les perspectives sont donc diverses. Les équipes de néonatologie n'ont pas le monopole de l'objectivité. Au nom de quoi pourraient-elles être autorisées à remplacer les parents ?

Le second modèle de pratique met l'accent sur l'autonomie parentale dans la prise de décision. La question qui est alors posée concerne le rôle de l'équipe soignante dans la prise de décision. N'est-elle qu'une équipe technique fournissant les données aux décideurs ou est-elle engagée dans le processus de la prise de décision ? La logique de l'argumentation présentée dans les pages précédentes conduit à privilégier la seconde hypothèse.

Il faut reconnaître que l'équipe soignante a la responsabilité de prendre les mesures qui s'imposent pour le bien-être de l'enfant. Ce dernier a été confié à ces professionnels pour qu'ils réalisent cet objectif : servir l'intérêt personnel de l'enfant. Dans ce contexte, s'impose une alliance thérapeutique entre les différentes personnes responsables du bien-être de l'enfant, c'est-à-dire les parents et l'équipe de soins. D'autre part, une participation intense de l'équipe est nécessaire pour que les parents puissent en arriver à une décision éclairée et un choix raisonnable.

Le médecin a la responsabilité de communiquer la vérité sur la situation clinique de l'enfant. La fuite ou le retard dans la communication manifeste l'impuissance des professionnels et non leur souci de respecter le chagrin des parents. Les parents doivent savoir ce qui les attend, connaître le soutien qui leur sera offert et les limites de cette aide. Ils ont besoin de savoir s'ils seront ou non épaulés dans la décision qu'ils prendront. La façon de révéler le diagnostic est aussi importante que le diagnostic lui-même ; son influence est susceptible d'être déterminante dans l'attitude des parents. « Soumis à un stress important, les parents sont vulnérables et extrêmement perméables aux réactions de leur entourage [17] ». Une proximité affective avec l'enfant est aussi importante qu'une information juste. Les infirmières ont particulièrement ici un rôle essentiel pour aider les parents à accueillir l'enfant dans sa blessure et ses possibilités. En effet, ce sont elles qui présentent l'enfant aux parents. S'acceptant comme parents responsables, ces derniers sont davantage en mesure de prendre une décision qui poursuit le meilleur intérêt de l'enfant.

---

[17] Constance Lamarche, *Avoir un enfant handicapé,* RND, janvier 1988, p. 2.

La première responsabilité de l'équipe de néonatologie en regard des parents est donc de les accompagner dans leur cheminement vers une décision responsable. Qu'en est-il maintenant lorsque l'équipe s'inquiète du bien fondé de la décision ou y est complètement opposée ? S'il est clair que la décision des parents va à l'encontre du meilleur intérêt de l'enfant, le médecin est responsable de le faire savoir aux parents. Ainsi en serait-il dans le cas des parents témoins de Jéhovah qui refuseraient une transfusion sanguine permettant à leur enfant une vie tout à fait normale. Il en serait de même de l'enfant trisomique 21 souffrant d'une fistule trachéo-œsophagienne, mais sans autres défauts majeurs. Dans ces situations, le médecin ne peut décider d'agir par lui-même, il doit plutôt exiger l'intervention du tribunal. Le médecin se fait ici l'avocat de l'enfant.

Une équipe peut aussi s'inquiéter du bien-fondé de la décision des parents, comme dans ces situations où il est particulièrement difficile de discerner le meilleur intérêt de l'enfant. Sans nier le principe de la responsabilité parentale, des inquiétudes demeurent au sein de l'équipe concernant la pertinence de la décision. Dans ces circonstances, tant l'Académie américaine de pédiatrie que la Société canadienne de pédiatrie recommandent « de soumettre le dilemme à un groupe approuvé par une institution hospitalière, tel le Comité de bioéthique [9] ». Ce comité n'a pas la responsabilité de prendre la décision à la place des parents mais de clarifier les questions éthiques en cause dans la situation. Il est un lieu de dialogue et de discernement en vue de respecter les meilleurs intérêts de l'enfant. Son rôle est « d'aider les parents et les professionnels de la santé à en venir à un accord qui soit acceptable mutuellement et au niveau de la société [9] ». De cette manière, tout en respectant la responsabilité parentale, une équipe de soins n'abandonne pas l'enfant.

Les suites de la décision

Les exigences éthiques ne se terminent pas avec la prise de décision. Elles seront cependant différentes si la décision consiste dans la poursuite des soins intensifs ou dans leur interruption. Lorsque les soins intensifs sont poursuivis, tout doit être mis en œuvre pour faciliter la prise en charge familiale de l'enfant. Entre autres, l'équipe doit viser à « entretenir auprès de tous l'espoir réel d'une vie acceptable pour cet enfant, afin de permettre l'attachement parental et d'éviter la survenue d'un processus de deuil anticipé [18] ». Tous les membres de la famille doivent être adéquatement soutenus pour que les besoins de chacun soient reconnus [19]. Le suivi est ici extrêmement important car « il permet de repérer l'apparition éventuelle d'anomalies qui devront être prises en charge par des équipes compérentes, et de dépister de possibles distorsions affectives dans la relation entre l'enfant et ses parents, qu'il est possible d'atténuer [17] ».

Lorsque l'option est celle du non-traitement sélectif, d'autres exigences s'imposent. L'enfant ne doit pas être abandonné. L'abstention de traitements vigoureux n'implique pas l'arrêt de soins terminaux. Le lecteur est ici renvoyé au chapitre *l'abstention thérapeutique et interruption de traitement*. Comme le note le comité de bioéthique de la Société canadienne de pédiatrie, « la prise en charge subséquente de l'enfant et de sa famille doit se faire avec la plus grande sensibilité, la plus grande compassion et le maximum de support [4] ». Les parents doivent être aidés à accueillir la réalité de la mort de leur enfant. Dans certaines circonstances, cela s'avère particulièrement tragique, comme l'est une longue agonie. L'accompagnement des

---

[18] Michel Deban, p. 35.
[19] Conseil des affaires sociales, p. 22.

parents ne doit pas cesser avec le décès de l'enfant, puisque l'histoire de ce dernier ne se termine pas avec sa mort ; « il faut savoir qu'elle va retentir profondément et longuement sur le couple [18] ».

La naissance d'un enfant atteint de malformations sévères ou grandement prématuré est la fin d'un rêve. La tragédie qui frappe alors les parents est spécifique à chaque couple tant en raison de la condition de l'enfant que de son milieu. Dans ce sens, un dogmatisme rigide comme celui qui obligerait le traitement de tout enfant sévèrement handicapé ou prématuré ne respecte ni l'enfant ni les personnes qui en prendront soin. D'autre part, accepter que les parents soient, en toutes circonstances, les seuls maîtres de la décision ne reconnaît ni la crise intérieure qu'ils peuvent alors traverser ni l'intérêt de l'enfant. Les critères qui ont été ici proposés visent à permettre, dans des situations difficiles, le respect de toutes les personnes concernées par la décision.

Epilogue

« *GUERIR RAREMENT,*
SOULAGER SOUVENT,
RECONFORTER TOUJOURS »

Ce vieil adage médical a servi de trame aux réflexions précédentes. Il est une manière d'affirmer que la médecine en cherchant à servir les meilleurs intérêts du malade reconnaît la personne comme une totalité. La biomédecine, comme il en a été question dans ces pages, n'arrive pas à être toujours à la hauteur de cet idéal. Elle est souvent dualiste, préoccupée plutôt de l'organe malade que de la maladie vécue. Elle veut guérir et ne sait plus que faire lorsqu'elle n'y parvient pas. Le lieu par excellence de cette dichotomie est l'absence de préoccupation pour contrôler la douleur chronique chez les cancéreux. Si cette question qui sera maintenant abordée l'est à la toute fin et en épilogue, c'est qu'elle permet de ressaisir d'une manière exemplaire les fondements qui ont présidé aux positions prises tout au cours de l'ouvrage.

Quelques données

La question de l'euthanasie est inséparable du thème de la douleur et de la souffrance. Si la douleur ne peut être contrôlée et la souffrance soulagée, pourquoi continuer à vivre ? Les malades ne vivent-ils plus longtemps que pour souffrir davantage ? Il faut reconnaître que peu d'attention est donnée dans la formation des professionnels de la santé à la question du contrôle de la douleur. De plus, il n'existe pas de grandes enquêtes épidémiologiques sur la présence et la sévérité de la douleur cancéreuse. Il y a cependant plusieurs études à échelle réduite qui montrent que la douleur augmente à mesure que la maladie progresse et qu'il y a de multiples causes à l'origine de ces douleurs. Au stade avancé de la maladie, 60 à 90% des malades rapportent des douleurs aiguës et chroniques graves. 25% des cancéreux dans le monde mourraient sans être soulagés de douleurs sévères [1].

Pour décrire la douleur qui est vécue dans la phase terminale de la maladie, Cecily Saunders, la fondatrice de ce que l'on appelle aujourd'hui les soins palliatifs, a forgé l'expression «douleur totale». Quand quelqu'un entre dans l'étape terminale de son existence, il y a comme une nouvelle maladie qui commence. Pour la personne, en effet, toute son intégrité est mise en cause. La dernière étape est vécue comme une expérience de dislocation totale qui est à l'origine de la souffrance de l'être.

Souffrance et douleur deviennent inextricablement mêlées dans la phase terminale de la maladie cancéreuse. La souffrance est vécue par une personne et non seulement par un corps. Et, surtout au moment de l'étape dernière où la mort se fait prochaine, un réseau complexe de rela-

[1] Kathleen Foley, *The Treatment of Cancer Pain,* The New England Journal of Medicine, 313, July 11 1985, p. 84-95.

tions s'établit entre douleur et souffrance. Ce réseau s'explique par le fait que la souffrance met en cause l'intégrité de la personne comme entité sociale et psychologique complexe et qu'elle est une expérience subjective inséparable de facteurs psychologiques, spécialement dans le cas de la douleur chronique.

Le patient en phase terminale ne fait pas de distinction entre les sources physiques et non-physiques de la douleur. Lorsque, dans les moments particulièrement difficiles, il demande au médecin ou à l'infirmière, « Je vous en prie, faites quelque chose. Je n'en peux plus », il ne distingue pas entre douleur et souffrance. Il supplie qu'on le soulage. Le professionnel doit entendre ce cri et y répondre d'une manière adaptée et personnalisée à la réalité du malade. Est-ce possible ?

La réponse est affirmative lorsque les conditions nécessaires y sont rassemblées. Si, dans le passé, la douleur chronique était mal contrôlée et dans plusieurs milieux le demeure encore, l'approche palliative permet aujourd'hui un excellent contrôle. Celle-ci le fait non seulement en soulageant la douleur mais aussi en la prévenant. Pour prévenir l'apparition de la douleur et briser sa spirale croissante, les professionnels de la santé doivent déterminer le mieux possible les causes de la douleur, ce qui exige une évaluation minutieuse du malade et une intelligence des causes de la douleur.

Lorsqu'ils tiennent compte de la réalité de ce malade et explorent toutes les modalités thérapeutiques à leur disposition (pharmacologie , chirurgie, psychologie, musico-thérapie, etc), les professionnels peuvent viser un objectif élevé de soulagement de toute souffrance. Un objectif élevé d'analgésie est un but réaliste. On peut parler de 99% la nuit et de 95% le jour et cela sans somnolence causée par un surdosage. L'effort de dosage des médicaments ne suffit pas cependant pour soulager la douleur totale en raison même de son origine. L'attention au malade doit se faire encore plus profonde que dans le cours régulier de la pratique des soins de santé. L'environnement dans lequel le malade se sent reconnu et aimé est ici essentiel. C'est là la philosophie de base à l'origine des unités de soins palliatifs qui se sont développées depuis plus de dix ans maintenant au Canada et qui commencent à voir le jour en France. Même si elle est extrêmement exigeante pour les soignants, cette démarche s'avère heureusement possible [2].

L'exigence éthique

Pour ne pas apporter toute l'attention nécessaire au contrôle de la douleur, on apporte parfois des arguments dits d'inspiration chrétienne. Il est vrai que certains milieux ont valorisé ou valorisent la douleur comme une école de vie. Effectivement les souffrances peuvent être éducatives et « humanisantes » si je peux ainsi m'exprimer. Il est vrai que le Christ a souffert et que sa souffrance est significative pour les chrétiens. Il est vrai aussi que des chrétiens désirent profondément s'unir aux souffrances du Christ pour que la qualité de la vie dans le monde soit meilleure. Mais il arrive aussi que ces mêmes chrétiens lorsqu'aux prises avec des souffrances terminales se referment sur eux-mêmes tellement la douleur occupe tout l'espace de vie. Ils se coupent ainsi de l'amour qu'ils voulaient vivre. Contrôler la douleur sera donc de permettre au malade d'habiter son corps et non d'être dominé par lui. Ainsi , le malade expérimentera un certain détachement de son corps de sorte que la vie pourra trouver

---

[2] Je dois ces explications au Dr. Marcel Boisvert, du service des soins palliatifs, Hôpital Royal Victoria, Montréal.

encore sens et demeurer ouverte à la communication avec les autres. Et si la vie a sens pour ce malade, ce dernier continue d'apporter aux siens une contribution immense.

Mais objecteront certains, les médicaments n'abrègeront-ils pas la vie ? Un mauvais contrôle de la douleur aura sans doute cette conséquence. L'usage correct des narcotiques prolongera plutôt la vie du malade. Lorsque le contrôle de la douleur est bien fait et débute tôt dans le cours de la maladie, le patient répond mieux aux traitements actifs comme la chimiothérapie par exemple. En pratique, « et contrairement à la croyance populaire, l'utilisation correcte de la morphine pour contrôler la douleur ne comporte pas de plus grand risque que l'usage de l'aspirine » [3].

Conclusion

Soulager la douleur exige une attention profonde à la réalité de toute la personne. Ici, d'une manière encore plus exemplaire que dans les décisions concernant l'abstention thérapeutique ou que dans le dialogue avec le malade compétent qui exprime sa demande, le professionnel de la santé se définit comme un être de relation créatrice. Grâce à sa compétence attentive, il permet au malade qui fait appel à son aide dans un moment décisif de son existence de demeurer une personne. À une éthique fondée sur les droits et les devoirs de la déontologie, cet essai a privilégié une éthique professionnelle tendue vers la responsabilité de promouvoir l'humanité de l'autre. L'attitude bioéthique promeut l'alliance thérapeutique.

---

[3] Robert G. Twycross, *Clinical Experience with Diamorphine in Advance Malignant Disease,* International Journal of Clinical Pharmacology, 9, 1974, p. 184.

Bibliographie

Boulanger, Viateur et Durand, Guy, dir., *L'euthanasie :
problème de société*, Montréal, Fides, 1985, 140p. Les
textes de ce volume portent une attention spéciale aux
dimensions éthiques, juridiques et économiques de l'euthanasie.

Comité de bioéthique, *Le contrôle de la douleur*, Montréal, Hôpital de Notre Dame de la Merci, 1985, 42p.
On peut obtenir gratuitement ce document au Centre
hospitalier Notre-Dame-de-la-Merci, 555 boulevard
Gouin ouest, Montréal, Qué, H3L 1K5.

Comité de bioéthique de la société canadienne de pédiatrie, *Exposé. Décisions thérapeutiques relatives aux
nourrissons et aux enfants*, Juin 1986. On peut obtenir
gratuitement ce document en s'adressant à la Société
Hôpital pour enfants de l'est de l'Ontario, 401 chemin
Smyth, Ottawa, Ont., K1H 8L1.

Académie suisse des sciences médicales, *Directives et re-
commandations d'éthique de l'Académie suisse des
sciences médicales*, Bâle, Schwale & Co Aq, 1984, 32 p.
On peut obtenir ce document au siège de l'Académie,
Peterplatz 13, 4051 Bâle, Suisse.

Lefèvre, Charles, *Maître de la vie,* Paris, Le Centurion, 1987, pp. 101-148. A partir d'observations et réflexions personnelles, élaborées en dialogue avec les soignants et les soignés, l'auteur présente ce que signifie la volonté de mourir dans la dignité.

McCormick, Richard A., «Les soins intensifs aux nouveau-nés handicapés», *Etudes,* novembre 1982, pp. 493-502. L'auteur présente le débat américain à propos des nouveau-nés handicapés et développe ses propres positions éthiques.

«Partir. L'accompagnement des mourants», *Le Supplément,* n 159, novembre 1986. Cette étude fait voir l'importance que prend, ces années-ci, l'accompagnement des mourants. C'est une tâche fondamentale.

Rapin C.-H., *Soins palliatifs. Mythe ou réalité?* Lausanne, Payot, 1987, 175 p. Ce volume fait un intéressant tour d'horizon des principales facettes des soins palliatifs.

Verspieren, Patrick, *Face à celui qui meurt,* Paris, Desclée de Brouwer, 1984, 205p. Ce volume s'intéresse aux thèmes de l'euthanasie, de l'acharnement thérapeutique, de l'accompagnement du mourant et du traitement de la douleur.

Verspieren Patrick, dir., *Biologie, médecine et éthique,* Paris, Le Centurion, 1987, 500p. L'ouvrage regroupe l'ensemble des textes du magistère romain depuis Pie XII jusqu'à Jean-Paul II sur les questions éthiques soulevées par la biomédecine.

Table des matières

CHAPITRE 3 :
ABSTENTION THÉRAPEUTIQUE ET
INTERRUPTION DE TRAITEMENT

CHAPITRE 4 :
LES CRITÈRES DE DÉTERMINATION
DE LA MORT

PREMIERS OUVRAGES DE LA SÉRIE :

N° 1 : M. Lefebvre, *La Famille.*
N° 2 : H. Maurier, *Le Paganisme.*
N° 3 : H. Bourgeois, *La Mort.*
N° 4 : R. Arnaldez, *L'Islam.*
N° 5 : G. Tavard, *Satan.*

ACTION
FAMILY   FAMILLE
204-126 YORK
OTTAWA ,ONTARIO
K1N 5T5